가족과 함께하는
보훈교실

보훈공단
보훈교육연구원
보훈문화총서
07

가족과 함께하는
보훈교실

보훈교육연구원 기획
서운석 지음

보훈교육연구원 보훈문화총서 07

가족과 함께하는 보훈교실

등록 1994.7.1 제1-1071
1쇄 발행 2020년 12월 31일

기   획 보훈교육연구원
지은이 서운석
펴낸이 박길수
편집장 소경희
편   집 조영준
관   리 위현정
디자인 이주향
펴낸곳 도서출판 모시는사람들
         03147 서울시 종로구 삼일대로 457(경운동 수운회관) 1207호
전   화 02-735-7173, 02-737-7173 / 팩스 02-730-7173

인   쇄 (주)성광인쇄(031-942-4814)
배   본 문화유통북스(031-937-6100)
홈페이지 http://www.mosinsaram.com/

값은 뒤표지에 있습니다.
ISBN 979-11-6629-020-6   04300
세트 ISBN979-11-6629-011-4   04300

이 도서의 국립중앙도서관 출판예정도서목록(CIP)은 서지정보유통지원시스
템 홈페이지(http://seoji.nl.go.kr)와 국가자료공동목록시스템(http://www.
nl.go.kr/kolisnet)에서 이용하실 수 있습니다.(CIP제어번호:CIP2020055270)

이 책의 내용은 필자의 개인적인 의견이고, 보훈교육연구원의 공식적인 입장과는
관련이 없습니다.

한국보훈복지의료공단 창립 40주년을 맞아 한국보훈복지의료공단의 지원을 받아
출판되었습니다

보훈, 따뜻하고 든든한

보훈(報勳)은 '공훈에 보답한다'는 뜻이다. 「국가보훈기본법」 (2005.05.31)의 표현을 가져오면, "국가를 위하여 희생하거나 공헌한 사람의 숭고한 정신을 선양하고 그와 그 유족 또는 가족의 영예로운 삶과 복지 향상을 도모하며 나아가 국민의 나라사랑 정신 함양에 이바지"하는 행위이다(제1조). 국가를 위한 희생이나 공헌의 성격은 다음 네 가지 범주로 규정하고 있다. "가. 일제로부터의 조국의 자주독립, 나. 국가의 수호 또는 안전보장, 다. 대한민국 자유민주주의의 발전, 라. 국민의 생명 또는 재산의 보호 등 공무수행"(제3조)

이러한 규정에 근거해 보훈을 '독립', '호국', '민주'라는 세 키워드로 이해하는 흐름이 생겼다. '사회공헌'까지 보태 넷으로 분류할 수도 있다. 보훈의 정신이 서너 가지 가치로 표현되어 오니까

나중에 기본법을 제정해 그 범주를 정리했다고 보는 편이 더 옳겠다. 독립, 호국, 민주 혹은 사회공헌을 위해 투신하다가 당한 희생에 국가가 물심양면으로 보답하는 과정이 보훈이다. 그동안 보훈 정책은 세분화·구체화되었고, 예산도 확대되어 왔다.

그런데 좀 더 깊이 들여다보면 보훈의 구체화 과정에 문제가 없는 것은 아니다. 정책 하나하나의 문제라기보다는 보훈의 가치들 간 긴장과 갈등의 문제, 보훈에 대한 국민적 인식의 문제다. 두 가지 문제의식을 가지고 한국 보훈의 현실을 간략히 진단해 보자.

첫째 문제는 보훈의 주요 가치들인 독립, 호국, 민주 혹은 사회공헌의 실제 내용이 서로 충돌하기도 한다는 데 있다. 가령 북한과의 전쟁 경험에서 출발한 '호국'의 가치와 다원성을 중시하는 대북 포용적 '민주'의 가치가 부딪치곤 한다. 이런 현상은 분단국가이면서도 통일을 지향하는 한반도의 특수한 상황에 기인한다. 남과 북은 정치적 이념과 권력 구조가 달라 서로 적대하면서도, 통일 혹은 일치로 나아가기 위한 교류와 협력의 대상이기도 하다. 남북 관계는 적대적 준국가 관계에 놓여 갈등하면서도, 오랜 역사, 언어, 문화적 동질성을 훨씬 크게 경험해 온 한 민족이다. 분리되어 있으나 합일을 지향하는 이중 관계에 있는 것이다.

그렇다면 전쟁과 같은 아픈 역사에 기반한 호국의 가치와 미래 지향적 민주 및 사회 공헌의 가치가 적절히 만나도록 해야 한다. 이들을 화학적으로 결합시키지 못하면 한반도는 분단으로 인한 소모적 갈등이 두고두고 지속될 것이기 때문이다.

독립과 관련한 가치가 구현되는 상황이 비슷하다. 원치 않게 일본의 식민지로 살아야 했던 역사적 경험과 이로부터 벗어나려 몸부림치던 선구적 희생의 자취가 공존하고 있는 것도 한국의 현실이다. 이른바 독립유공자는 선구적 희생에 대한 국민적 보답과 예우의 표현이지만, 같은 집안에서도 친일과 반일이 갈등하며 섞여 있는 것이 여전한 우리의 현실이다. 사회주의적 이념에 기반한 독립운동을 분단 이후 강화된 호국적 이념과 조화시키는 일도 간단하지 않다. 어떤 가치에 중점을 두느냐에 따라 북한은 물론 미국과 중국에 대한 태도도 크게 갈려서 정부가 외교적 균형을 잡기 어려운 것도 우리의 현실이다.

이것은 한반도에서 공정한 보훈 정책이 얼마나 어려운지 잘 보여준다. 그러면서도 역설적으로 보훈이 사회통합과 국가공동체 건설에 기여하는 계기와 동력이 될 수 있다는 뜻이기도 하다. 보훈의 이름으로 독립, 호국, 민주유공자 및 보훈 대상자를 지속 발굴하고 선양하되, 그 과정에 벌어지는 갈등은 최소화해야 한다. 깊이 고민하고 성찰해서 독립, 호국, 민주의 가치를 화학적으로 조화시켜야 한다. 그렇게 사회통합을 이루고 국가의 공동체성을 구축해 가야 한다.

둘째 문제는 공훈에 보답하는 주체가 '국민'이라기보다는 '국가'라는 인식이 강하다는 것이다. 「국가보훈기본법」에서도 국가와 지방자치단체가 보훈 정책을 시행하고 국민은 그에 협력해야 한다는 식으로 규정하고 있다(제5조와 제6조, 제8조와 제9조 참조). 보훈의 전제가 '국가를 위한 희생과 공헌'이다 보니, '국가가 보답한다'는 인식이 먼저 생기는 경향이 있다. 국가의 주체는 결국 국민임에도 불구하고, 보훈 행위에서 국민은 빠지거나 적당히 거리를 둬도 될 것 같은 이미지나 분위기가 형성되고 있는 것이다.

그러나 국가의 주체는 결국 국민이다. 보훈 행위의 무게중심을 국민에 둘 수 있어야 한다. 국민의 세금으로 정부, 특히 국가보훈처가 보답의 행위를 대신하고 있지만, 공을 세우고 그 공에 보답하는 주체 모두 결국은 국민이다. 정부는 국민의 눈높이에 맞춰 국민에게 먼저 다가가고 국민이 공감할 수 있는 정책을 계속 모색하고, 현대 사회에 어울리는 교육 콘텐츠를 개발 및 보급해야 한다. 무엇을 어떻게 하는 것이 보훈에 대한 국민적 기대치와 눈높이에 어울리는지 선제적으로 고민해야 한다. 보훈이 풀뿌리부터 자발적으로 문화화하도록 플랫폼을 제공해야 한다.

현 정부에서는 "든든한 보훈"을 슬로건으로 하고 있다. 오랜 군복무로 국가안보에 기여한 '제대군인'에 대한 지원을 강화하고, 보훈 대상자들이 어디서든 불편 없이 진료받을 수 있도록 한국보훈복지의료공단 산하 보훈 종합병원들과 연계하는 '위탁병원'을 지역 곳곳에 확대하고 있다. 보훈 대상자들을 연결고리로 국가와 국민을 든든하게 연결시키겠다는 취지의 정책이다. "따뜻한 보훈"을 모토로 한 적도 있다. 현장과 사람 중심의 보훈을 기반으로 국민과 함께 미래를 여는 정책을 펼치겠다는 것이었다. 모두 적절한 슬로건과 모토다. 국가-국민-국가유공자가 서로 연결되고 순환하는 체계를 만들어 나가겠다는 취지에서 서로 통한다.

어떻게 하든 한국 보훈의 방향은 순국선열, 애국지사, 전몰군경, 전상군경 등 전통적인 국가유공자들을 예우하되(국가유공자예우등에관한법률 제4조), 민주유공자와 사회공헌자는 물론 '국가사회발전특별공로자'와 같은, 시민사회에 좀 더 어울리는 유공자들을 적극적으로 발굴하는 방식으로 가야 한다(제4조). 보훈이 흔히 상상할 수 있는 전쟁 중심의 이미지에서 벗어나 평화 지향적으로 나아가는 데 기여해야 한다. 국경 중심의 근대민족국가의 범주에 갇히지 말고 인간의 아픔에 공감할 줄 아는 보편적 인류애에 호소해야 한다. 그렇게 세계가 축복할 수 있을 보훈 정책의 모델을 한반도에서 만들어 내야 한다.

그러면 국민은 국민대로 오늘의 삶을 누리는 데 기여한 이들을 위해 마음과 시간을 더 낼 수 있을 것이다. 가족이 다치면 가족이 돌보지 않던가. 희생은 없어야 하고 없을수록 좋지만, 만일 가족 중 누군가 아프면 가족이 치료하고 돌보면서 가정을 유지해 나간다. 국민이 국가를 위해 일하다가 다치면 그곳에 국민의 손길이 미칠 수 있어야 한다. 그런 문제의식을 가진 국민을 '시민'이라고 명명한다면, 보훈도 시민사회와 순환할 수 있어야 한다.

정부는 물론 보훈 연구자들은 이러한 유기적 관계성을 따뜻한 철학으로 뒷받침해야 한다. 국가유공자와 보훈 대상자를 위한 복지와 의료 정책에 첨단 인공지능과 다양한 빅데이터도 적절히 활용할 수 있을 것이다. 이렇게 희생과 아픔에 대한 인간의 원천적 공감력에 호소하면서 시민사회가 보훈을 자신의 과제로 삼을 수 있는 바탕을 다져야 한다. 그렇게 미래로 나아가고 세계와 소통하는 국가를 만들어야 한다. 보훈은 국가를 돌아가게 하는 근본 원리이다.

이러한 원리는 더 이상 누군가의 희생이 나오지 않아도 되는 안전하고 평화로운 국가와 세계가 이루어질 때까지 계속되어야 한다. 이러한 세계를 이루기까지 심층적인 의미에서 선제적으로 이루어 가는 보훈, 이른바 '선제적 보훈'의 길을 걸어야 한다.

그동안 보훈 관련 각종 정책 보고서는 제법 많았다. 그러나 대부분 일반인의 손에는 닿을 수 없는 전문가의 책상과 행정부서 깊은 곳에 머물렀다. 보훈의 역사, 이념, 의미, 내용 등을 국민적 눈높이에서 정리한 대중적 단행본은 극소수였다. 정작 보훈이 무엇인지 관련자들도 깊고 체계적으로 고민할 새가 별로 없었다. 무엇보다 시민사회로까지 다가서기에는 부족했다.

이러한 현실을 의식하며 보훈교육연구원에서 일반 시민이 쉽게 접근할 수 있도록 대중적 차원의 『보훈총서』를 기획하고 드디어 출판에 이르렀다. 지속적으로 출판할 예정이다. 보훈이 무덤덤한 '그들'만의 이야기가 아니라 '우리'의 이야기가 되면 좋겠다. 인간의 얼굴을 한 따뜻하고 든든한 보훈이 되면 좋겠다.

보훈교육연구원장

이 찬 수

2020년 9월 미국 연방대법관인 루스 베이더 긴즈버그가 세상을 떠났다. "오늘날 여성이 직면한 고용 차별은 소수집단의 차별만큼 만연해 있지만 훨씬 교묘해 알아채기 어렵습니다. 성별에 따른 차별은 여성이 열등하다는 편견을 낳고 낙인으로 작용해 여성 보호란 미명하에 여성의 고소득 취업과 승진을 방해합니다. 이러한 차별의 결과로 여성의 사회 진출은 제약받고 여성은 늘 남성보다 낮은 지위에 머무릅니다." 이 글은 긴즈버그가 1973년에 있었던 소송에서 변호인으로 한 변론의 일부라고 한다. 이 소송은 '군인가족들에 대한 혜택이 성별에 따라 달리 주어지는 것이 차별"인지를 가리는 게 쟁점이었다. 긴즈버그는 "여성에게 특혜를 달라는 게 아니다. 우리 목을 밟고 있는 그 발을 치워달라는 것뿐'이라는 노예제 폐지론자 세라 그림케의 말을 인용하며 성차별이 인종차별과 다를 바 없음을 드러냄으로써 승소했다. 이 변론은 미국을 넘어 세계 여성인권사에 한 획을 그은 변론으로 기억된다고 한다.

빌 클린턴 전 미국 대통령은 1993년 그를 미국 역사상 두 번째 여성 연방대법관으로 지명하면서 "대법관 자리가 아니더라도 이미 역사 교과서에 실릴 만한 인물"이라고 평가했다. 여성을 포함한 사회적 약자의 인권 향상에 힘써 왔음을 평가한 것이다. 하지만 지난 27년간 대법관으로 재직하는 동안 그의 공헌은 여성인권 향상에만 국한되지 않았다. 투표권, 이민, 사형제 등 다양한 의제에서 진보적인 목소리를 내며 미국 사법 역사에 뚜렷한 발자취를 남겼다는 평가가 나온다.

이런 그가 무난히 이 자리에 오른 것은 아니다. 오히려 완전히 반대라고 할 수 있다. 그는 1933년 미국 뉴욕 브루클린의 유대계 가정에서 태어났다. 여성의 역할을 가사와 육아로 한정 짓고, 여성을 2등 시민 취급하던 시절이었다. 변호사가 되고자 진학한 하버드대 법대에서조차 차별에 직면해야 했다. 500명 중 여학생은 단 9명이었고, 교수들은 여학생들 면전에서 "남자들의 자리를 빼앗고 있다"고 노골적인 차별 발언을 쏟아냈다. 컬럼비아대 법대로 옮긴 뒤 수석 졸업을 했지만 그에게 일자리를 제안하는 로펌은 어디에도 없었다. 어렵게 법관에 임용되고 나서는 법전에 충실한 판결을 고집하는 보수적 법관들과는 달리 "판사는 그날의 날씨가 아닌 시대의 기후를 고려해야 한다"는 자세를 취했다고 한다. 연방대법관이 되면서부터는 더 적극적으로 소수의견을 내면서 자기주장을 펼치기 시작했다. 그 이유에 대해 그는 "동료 법관들을 설득하기 위한 목적도 있지만, 훗날의 지성들에게 호소하기 위해서"라고 밝힌 바 있다. 그리고 그는 한 강연에서 다음과 같은 명언도 남겼다. "아홉 명 정원의 대법관 중 몇 명이 여성이 되어야 하느냐는 질문을 많이 받습니다. 제 대답은 언제나 아홉 명입니다."

들어가는 말부터 미국의 연방대법관 사례가 있어서 놀란 사람도 있을 것이다. 오해 없도록 말해 두지만 이 책은 법률학 서적이 아니다. 물론 보훈학 개론서도, 자동차 취급설명서도, 가정통신문도 아니다. 이 책은 보훈교육연구원에서 보훈총서의 일환으로 특히 가족과 함께 읽을 수 있도록 관련 기사 등을 에세이 형식으로 정리한 것이다. 이 한 줄에 보훈이라는 말이 세 번이나 들어가 있어서 이미 가족과 함께 읽기에는 부적당하고, 언론출판법이나 뭐 그런 법 위반으로 신고해야 하는 것이 아닌지 의심이 들 수도 있을 것 같다. 그러나 안심해도 될 것이 이 책은 가족과 함께 하는 보훈을 위해 충분히 준비하고 낸 것이다. 얼마나 충분히 준비하고 기다려 왔냐면, 2020년 보훈총서에서 마지막으로 원고를 마칠 정도로 충분히 준비하고 기다렸다. 안심하라면서 그럼 왜 '아흔 명의 여성 대법관' 얘기를 서두에 꺼내느냐고 물을 수 있을 것이다. 의도는 "우리 사회에서 아홉 명에게 영예를 줄 수 있는데 누구에게 주어야 하느냐"고 묻는다면, 내 대답은 언제나 "국가유공자 아홉 명입니다."라고 할 것인데, 그 이유를 한 번 생각해 보자는 것이다.

보훈의 사전적 의미는 간략하게는 '공훈에 보답하는 것', 좀 길게는 '국가유공자의 애국·애족정신을 기리어 국가에서 유공자나 그 유가족에게 보답하는 일'이라고 할 수 있다. 이런 사전적 의미로 보훈을 이해하는 것에 충분히 만족하고 있으니, 보훈의 개념이나 의미를 어렵게 다시 설명하려고 하지는 않을 것이다. 다만 긴즈버그가 "판사는 그날의 날씨가 아닌 시대의 기후를 고려해야 한다"고 했듯이, 보훈이 보훈급여금이나 보훈수당 등 물질적 보상으로 충분한 것이 아니라 신뢰나 공정 등 우리 시대의 기후, 즉 문화를 고려하는 중요한 요소 중의 하나라는 점을 말하고자 한다. 나라를 위하여 헌신하는 것은 매우 어려운 일이다. 그리고 이런 공헌과 희생에 보답하는 것도 쉬운 일이 아니다. 보훈총서를 발간하면서 '가족과 함께 하는 보훈교실'을 개설한 것은 긴즈버그가 소수 의견을 적극적으로 낸 이유에 대해 "동료 법관들을 설득하기 위한 목적도 있지만, 훗날의 지성들에게 호소하기 위해서"라고 말한 것처럼, 오늘의 주인들에게 호소하기 위한 것도 있지만, 훗날의 주인들에게 호소하기 위한 것도 있다.

쉽게 상상할 수 있는 것처럼 수준 높은 문장으로 이런 논리를 제시하는 것은 아주 힘든 일이다. 어느 정도 힘든 것인가는 이 책을 읽으면서 곧바로 알아차리게 될 것이다. 그럼에도 이 책에서는 보훈이 우리 가족에게 무슨 상관이 있을까 생각해 보는 기회를 만들어 보고자 한다.

이 책을 접하는 우리 가족의 오늘은 식민과 전쟁, 독재 등 우리 사회의 고난에 앞장서 준 국가유공자의 희생과 헌신 위에 서 있다. 국가유공자라고해서 그런 운명을 타고 나지는 않는다. 긴즈버그처럼 사회와 다른 사람의 행복을 위하여 자신이 할 수 있는 최선을 다한 사람이 국가유공자다. 앞에서 보았듯이 긴즈버그는 '군인가족들에 대한 혜택이 성별에 따라 달리 주어지는 것이 차별'인지를 가리는 게 쟁점인 소송에서 성차별이 불공정하다는 점을 드러내 알려주었다. 이 변론이 인권 발전에 한 축을 그은 기여라고 하지만, 보훈가족이 체감하고 국민이 공감할 수 있도록 하는 일에 기여했구나 하는 점에서 더 눈길이 갔다. 공정하고 정의로운 사회가 국가유공자들이 바란 사회이다. 그리고 이런 점에서 긴즈버그 같은 사람이 바로 국가유공자의 뜻을 따르는 사람이고, 이런 뜻을 실천하는 사람이 바로 애국자라고 생각한다.

보훈교육연구원은 국가유공자들이 실현한 독립, 호국, 민주의 가치를 확산하는 일을 하는 곳이다. 그리고 보훈총서는 이런 국가유공자의 삶을 기억하면서 보훈문화의 의미를 널리 알리고자 기획되었다. 그중에서도 이 책『가족과 함께 하는 보훈교실』은 다양한 주제를 통해 보훈을 다양한 각도에서 생각해 보고자 의도하였다. 이를 위하여 이 책은 인터넷 언론인 〈프레시안〉과 국가보훈처 〈나라사랑신문〉 등 언론에 실었던 글과 관련 논문이나 보고서들을 가급적 쉽게 읽힐 수 있도록 요약한 글을 중심으로 구성하였다. 이 기회를 통해 우리 사회 공동체의 일원으로서 우리 가족이 어떤 생각과 행동을 하는 것이 옳은 것인가 한 번 생각해 보는 계기가 되었으면 좋겠다.

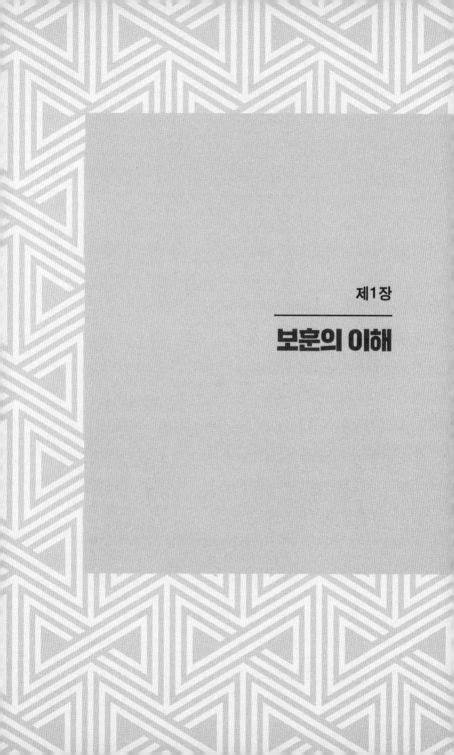

제1장

보훈의 이해

보훈이 탄생하는 순간

신뢰할 만한 한 연구기관에서 민주주의의 진전이 건강과 수명에 긍정적 역할을 한다는 결과를 발표한 바 있다. 이 연구진은 1970년 이후 독재에서 민주주의로 이행한 국가들과 그렇지 않은 55개국을 비교했다. 민주주의로 이행한 국가들은 10년이 지난 시점에서 15세 인구의 기대여명이 그렇지 않은 국가들보다 3% 길다는 분석 결과가 나왔다. 민주주의로 이행한 국가들은 심혈관 질환, 교통사고 부상, 비전염성 질병 발생률도 낮아졌다. 이런 결과는 경제성장뿐 아니라 민주주의의 진전 자체가 시민들의 건강에 기여한다는 점을 보여준다. 자유의 확대가 사회적 압력 증가로 이어져 정부가 적극적 보건정책을 펴게 만든다는 것이다. 이런 점들로 유추해 볼 때 국가의 주권이 국민에게 있고, 국민을 위하여 정치를 행하는 제도를 의미하는 민주주의가 우리

삶에 있어 여러 모로 매우 중요한 것이라는 점을 다시 한 번 확인할 수 있다.

이렇게 건강과 수명에도 중요한 민주주의는 어떻게 시작되었을까? 사정과 상황에 따라서 각지에서 매우 다양한 모습으로 시작되었을 것은 자명하기 때문에 여기에서는 두 가지 장면을 살펴보고자 한다. 먼저 민주주의의 시발점 중의 하나라고 할 수 있는 고대 그리스의 사례를 보자. 아테네 민주정치의 전성기를 가져온 정치가로 페리클레스(Perikles, B.C. 495(?)~B.C. 429)를 들 수 있다. 페리클레스가 스파르타와의 전쟁에서 발생한 첫 번째 전사자들을 추모하는 연설에서 중요한 말을 한다. 페리클레스는 "우리 헌정체제를 민주주의라고 부르는 이유는 권력이 소수에 있지 않고 전체 국민에게 있으며, 사적 이익을 둘러싸고 다투는 모든 사람들은 법 앞에 평등하고 정의로우며, 공적 직책을 맡게 되는 기준은 시민들의 사회적 지위나 공적 생활의 위치 또는 사회적 계급이 아니라 그 사람의 능력입니다"라며 아테네 민주주의를 설명하였다. 그리고 이러한 민주주의를 지키기 위하여 희생한 전사들을 가리키며 "이들은 지하에 묻히고 만 것이 아닙니다. 이들의 이름은 영원히 기억되고, 일이 있을 때마다 사람들의 언행 속에 기억될 것입니다. 이 전몰자들과 그 유족에게 나라가 주는 승리의 관으로서 그들의 자식들이 성인이 될 때까지의 양육비를 아테네가 국고를 통해 지원해 줄 것을 오늘부터 보증합니다. 덕행에 지상의 명예를 주는 나라야말로 가장 훌륭한 시민들이 다스리는 나라이기 때문입니다"라며 민주주의를 지키기 위한 희생과 이에 대한 보답의 의미를 설명하였다.

또 다른 장면을 살펴보자. 페리클레스의 연설과 더불어 민주주의에 대한 묘사로 가장 유명한 연설이 바로 링컨(Lincoln)의 연설이다. 링컨은 남북전쟁이 한창이던 1863년 11월 미국 게티스버그(Gettysburg)의 남북전쟁 전몰자묘지 봉헌식에 참석하여 2~3분밖에 안 되는 짧은 연설을 한다. 이 추모연설에서 링컨은 "용감한 이들이 조국을 위해 여기서 수행한 일들은 결코 잊히지 않을 것입니다. 그들이 싸워서 고결하게 전진시킨, 그러나 미완으로 남겨진 일을 수행해야 할 사람들은 우리 살아남은 사람들입니다. 그들의 죽음이 헛되지 않도록 이 땅에 새로운 자유를 탄생시키고, 국민의, 국민에 의한, 국민을 위한 정부가 지구상에서 사라지지 않도록 해야 합니다"라며 희생자들을 추모하였다.

민주주의와 관련하여 역사적으로 유명한 두 장면을 보면서 여기에서 주목하고자 하는 것은 바로 이 발언들이 공통적으로 국가를 위해 헌신한 유공자들의 장례식에서 나왔다는 점이다. 여기에서 말하는 국가를 위한 특별한 희생과 공헌에 대한 보답 행위를 우리는 보훈이라고 한다. 이처럼 역사적으로 민주주의 진전의 중대한 사건으로 알려진 이들 연설이 모두 국가유공자들에 대한 추모연설이었다는 사실은 보훈과 민주주의는 동떨어진 어떤 것이 아니라 그 시작점을 공유한다고 것을 말해준다. 즉 보훈은 국가유공자와 보훈가족의 영예로운 삶이 유지·보장되도록 하는 실질적인 기능을 한다는 것과 함께, 더욱 중요한 것은 바로 이들이 지키고자 했던 민주주의를 포함한 소중한 가치들을 지켜나가는 것이라고 볼 수 있다는 의미이다. 우리 사회는 보훈의 직접적 대상을 독립, 호국, 민주화유공자 등으로 자세히 규정하고 있다. 우리는 현재 우리 사회가 국가유공자들의 희생과 공헌을 바탕으로 이룩된 것이라는 점을 기억해야 할 것이다.

그러면 이들 국가유공자들이 우리에게 전하는 것은 과연 무엇일까? 이들은 위기를 맞은 이 땅의 자주와 평화, 민주주의를 지키기 위하여 가장 소중한 것마저 희생한 이들이다. 보훈은 이들의 희생을 영원히 기억하고, 이들이 지키고자 했던 것들을 남아 있는 사람들이 더욱 열심히 지키고 발전시켜 나가는 것이다. 즉 보훈은 자주와 평화와 민주라는 과업을 달성하는 것이며, 그렇기 때문에 보훈은 자주, 평화, 민주의 보루(堡壘)라고 할 수 있다.

국가유공자들이 희생으로써 지켜온 이 땅의 자주, 평화, 민주를 더욱 발전시키는 일은 살아 있는 지금의 우리가 배우고 계속해야 할 일인 것이다.

특히 2020년은 4·19혁명 60주년, 5·18민주화운동 40주년이 된 뜻깊은 해였다. 좀 더 거슬러 올라가면 청산리·봉오동 전투 100주년이고, 6·25전쟁 70주년이기도 했다. 이런 역사적 사건들은 우리 사회의 독립·호국·민주 영역에서 매우 중요한 의미가 있으며, 이를 계기로 국가보훈처를 중심으로 정부에서도 관련 사업들이 진행되었다. 특히 민주와 관련하여 살펴보면, 4·19혁명, 5·18민주화운동 등 정부기념식을 민주의 역사가 살아 숨쉬는 장소에서 개최하고, 각 민주운동별 특색을 살리면서 하나의 스토리를 전달함으로써 민주 역사에 대한 국민 공감대 형성에 초점을 두었다. 이런 계기를 통해 보훈과 민주주의를 다시 한 번 생각해 보는 시간이 되었으면 하는 의도였다. 그 연장선상에서 이 책을 통하여 국민통합에 기여하는 보훈의 의미와 역할에 대한 사회적 공감대가 이루어지고, 독립·호국·민주 관련 주기사업을 통한 보훈의 사회적 의미가 잘 전달될 수 있기를 바란다.

보훈의 의미와 지원 내용

보훈(報勳)은 국가공동체를 위해 희생하거나 공헌한 개인에 대하여 그 국가와 사회구성원이 예우로 보답하는 책무를 이행하는 것을 말한다. 이러한 보답 행위는 보훈정책이라는 수단을 통해 실질적·상징적 형태로 행하게 된다. 보훈의 실질적인 방법은 보상 등 물질적 예우를 통해 영예로운 삶을 보장하는 것이다. 상징적인 방법은 희생·공헌의 숭고한 가치를 높이 선양하여 기억하고 후대에 계승하는 정신적 활동으로 요약할 수 있다. 결국 보훈은 국가를 위해 희생하거나 공헌한 사람에 대한 국가적 차원의 예우이기 때문에, 국가가 지고 있는 의무이자 국가가 수행해야할 고유한 기능이기도 하다. 이러한 일련의 정책들을 보훈의 기본적인 이념이라 할 수 있다. 보훈이념의 구현을 통해 개인의 희생·공헌이 국가공동체를 유지·발전시키는 원동력이 되게 하는 것이 보훈의 사회적 가치이며, 보훈정책의 궁극적 목표라고 할 수 있다.

보훈은 시대와 나라를 불문하고 공동체 사회에서는 어디서나 지켜져 온 뿌리 깊은 역사를 가지고 있다. 고대에는 군주의 중요한 덕목으로서, 현대에는 국가의 절대적 책무로 자리매김하고 있다. 선진국에서는 보훈정책의 확대와 강화를 통해 국민을 통합하고 국가사회 발전의 정신적 토대를 굳건히 다지고 있음을 알 수 있다. 여기에서 선진국의 보훈이념을 살펴보면서 보훈의 중요성을 재확인해 보고자 한다.

먼저 미국의 보훈이념을 보면, 자유를 지키기 위해 헌신·봉사한 제대군인의 존엄성을 염원한 상징이 되게 하고, 가장 명예로운 대상으로 국민의 존경과 예우를 다하는 것이다. 영국 보훈조직의 임무는 국가를 방위하기 위한 특별한 희생을 확고히 인식하고, 그 희생자들과 가족에게 질 높은 서비스를 제공하는 것이다. 캐나다에서는 보훈의 존재 이유는 캐나다 국민을 위한 제대군인들의 봉사를 확고히 인식하고, 모든 국민들의 가슴속에 그들의 업적과 희생이 유지될 수 있도록 하는 것이다. 마지막으로 프랑스의 경우를 보면, 1990년 국민회의 선언문에서 보훈을 국가와 국민이 갚아야 할 인정의 부채라고 정의하고 있다.

이러한 점을 바탕으로 살펴보면, 보훈의 본질은 국가를 위해 희생하거나 공헌한 사람들에 대한 보답이다. 보훈정책은 국가가 존립을 유지하고 발전하는 과정에서 수많은 국가유공자들의 희생이 있었기 때문이라는 것을 인정하고 그에 대한 보답은 국가와 국민의 기본적 책무라는 인식에 기초해 그들의 명예로운 생활이 유지·보장되도록 하는 것이다. 나아가 나라를 위한 헌신이 명예롭고 존중받는다는 확고한 믿음을 가지게 함으로써 국가공동체의 영속적 발전을 위한 정신적 가치를 확산하는 중요한 역할을 한다고 하겠다.

그래서 보훈정책의 대상은 국가공동체의 유지와 발전을 위해 중요한 가치가 부여되어야 할 행위를 실현한 사람들이다. 우리의 보훈제도가 독립, 호국, 민주화에 기여한 사람에 대한 예우를 토대로 발전한 것은 결코 우연이 아니며, 국가의 유지, 발전의 역사와 맥을 같이 하고 있는 것이다.

이처럼 보훈정책을 수립함에 있어 일반적으로는 국가를 위해 희생하거나 공헌했다는 행동을 기준으로 그 대상을 선정하지만 그 행동은 국가의 현재와 미래를 위해 반드시 존경받고 장려될 만한 행동이어야 한다. 결국 보훈정책은 국가공동체의 본질적 부분을 결정하고, 과거에 대한 역사적 판단을 바탕으로 하여 국가가 앞으로 나아가야 하는 방향성을 제시하는 것에까지 미친다는 것을 깊이 인식할 필요가 있다. 앞으로 보훈정책이 나라사랑과 사회통합의 상징, 공동체 의식과 사회발전의 정신적 원동력, 국가와 국민의 정체성을 상징하는 정책으로 발전하기 위해서는 지금보다 더 많은 관심과 노력이 필요하다.

보훈의 의미와 가치에 더해 희생과 공헌에 따른 보훈의 지원 내용을 살펴보면 다음과 같다. 보훈사업은 국가를 위해 희생하고 공헌하신 분들에게 그에 합당한 보답을 행하는 것으로, 지원 내용은 물질적 보상, 정신적 예우, 공훈선양 등으로 대별할 수 있으며, 구체적으로는 보훈대상 연령, 생활 정도, 보훈의 내용과 수준 등 복잡한 구조로 형성되어 있다. 이런 보훈지원과 관련한 기본적인 내용을 보면 다음과 같다.

첫째, 국가를 위한 희생과 공헌에 상응한 보상으로 국가유공자에 대한 예우를 강화하는 것이다. 보상금 급여지원, 교육지원, 취업지원, 의료지원 등 국가를 위한 공헌과 희생에 대해 영예로운 삶을 보장하는 것이 주요 내용이다.

둘째, 맞춤형 복지 서비스 제공으로 보훈가족의 편안하고 행복한 삶을 보장하는 것이다. 주택지원, 대부지원, 보훈복지시설 지원, 재가복지 서비스 지원 등이 여기에 해당한다.

셋째, 보훈선양 활동을 통해 국민의 나라사랑 정신을 확산하는 것이다. 정부기념행사, 각종 기념사업, 현충시설물 관리 등 명예선양을 위한 활동이 주요 내용이다.

넷째, 제대군인의 성공적인 사회복귀를 지원하고 참전용사의 명예를 제고하는 것이다. 교육·주택·대부 및 취업 등 중·장기복무 등이 주요한 내용이 된다.

우리나라 전통적 보훈제도와 현충시설

　보훈정책과 관련한 내용을 구체적으로 살펴보기 전에 우리나라 보훈제도의 역사를 개략적이나마 검토해 본다. 우리나라의 전통적 보훈제도는 국가 수호를 위하여 공을 세운 유공자에 대한 예우라는 관점에서 시작된다. 현재 보훈제도와 역사적 맥락이 닿지만 적용 범위나 내용 면에서는 큰 차이가 있다. 보훈제도는 고조선시대부터 존재했을 것으로 추측되지만 기록상으로는 삼국시대부터 발견된다. 예를 들어 『삼국사기』 신라본기에서는 문무왕이 삼국을 통일한 다음 신하들에게 "공을 세운 자에게 상을 베풀고 전사한 자를 추모하라"는 군공자(軍功者)에 대한 포상과 추모의 원칙을 밝히고 있다. 신라는 보훈기구로 대표적으로 상사서(賞賜署)를 두고 있었다. 보훈의 내용으로는 관직을 높여 주거나 새로 하사하는 보답이나 식읍, 토지, 물품 등의 경제적 보답 외에 장례, 제사, 추모법회 등의 방법이 있었다. 그리고 북한산, 황초령, 마운령, 창령 등에 세운 진흥왕순수비나 단양적성비 등이 영토 확장을 기념하고 민심을 고무하는 동시에 전쟁에서 공을 세운 장수들을 표창하고 이름을 남기는 국가적 기념사업이자 현충시설이라고 할 수 있겠다.

고려의 보훈제도를 보면, 대표적으로 태조 왕건이 "공이 있는 자에게 상을 주지 않으면 장래 사람을 고무할 도리가 없다"는 포고문을 내리고, 공신당(功臣堂)을 짓고 화상(畫像)을 만들어 후세에 전하도록 하였다. 고려시대 대표적 보훈기구는 고공사(考功司)라 할 수 있고, 보훈제도 내용을 보면, 공신의 책봉, 공음, 추증이 있었으며, 급전, 면역 등의 우대제도가 시행되었다. 이와 함께 사성(賜姓)을 하거나 사당을 지어 현창(顯彰)하고 법회를 통하여 추념하는 등의 활동이 있었다.

조선시대의 보훈제도는 조선이 정치적 역성혁명에 의하여 개국됨으로써 체제 유지적인 성격이 매우 강했다. 조선의 보훈제도는 공신과 후손에 대한 관직과 토지 및 노비 지급 등의 광범위한 우대 또는 특권제도였다 할 수 있다. 조선시대의 대표적 보훈기구는 충훈부(忠勳府)라고 할 수 있다. 충훈부는 공신들을 위한 관부로서 공신 책봉에서 사후의 예장 및 자손의 처우를 포함하여 공신 접대, 제향에 필요한 제수 등을 마련하는 일을 맡았다. 이 기구는 이런 역할을 원활하게 수행하기 위하여 전답, 어장, 염분(鹽盆), 노전(蘆田) 등의 별도 재원 마련 시설을 보유하고 있었다. 이와 함께 임진왜란을 계기로 의병을 포함한 유공자에 대한 보훈이 있었다. 전란 중에 전사자 명부를 만들어 가족에게 면역첩과 쌀, 콩 등을 지급하였고, 전사장병 휼전(恤典)을 내렸으며, 전쟁에 나간 장병의 부모나 처를 위로하도록 하였다. 현충시설 측면에서 보면, 유공자의 단(壇), 사우(祠宇), 묘우(廟宇) 등을 세워 그 공을 전승하도록 하였다. 이처럼 조선시대는 이전 시대에 비하여 사당, 비각의 건립 등 공훈 전승을 위한 노력이 한층 강화된 특징이 있다.

우리나라 보훈제도 역사와 관련하여 특히 이해되기 쉬운 부분이 현충시설이다. 현충시설은 국가유공자 또는 이들의 공훈과 희생정신을 기리기 위한 건축물·조형물·사적지 또는 국가유공자의 공헌이나 희생이 있었던 일정한 구역 등으로서 국민의 애국심을 기르는 데에 상당한 가치가 있다고 인정되는 것이다. 현대 이전의 대표적인 현충시설들을 들어보면, 먼저 사적 제21호 경주 김유신묘(慶州 金分信墓)를 들 수 있다. 김유신(595~673)은 잘 알려져 있다시피 삼국통일에 중심 역할을 한 사람이다. 『삼국유사』에 의하면 김유신이 죽자 흥덕왕(興德王)은 그를 흥무대왕(興武大王)으로 받들고, 왕릉의 예를 갖춰 무덤을 장식한 것으로 보인다. 또『삼국사기』에는 김유신이 죽자 문무왕이 예를 갖추어 장례를 치르고 그의 공덕을 기리는 비를 세웠다고 전한다. 그러나 현재 그 비는 전하지 않고 조선시대에 경주부윤이 세운 '신라 태대각간 김유신묘'의 비만 남아 있다.

고려시대의 대표적 현충시설 예로는 사적 제323호 파주 윤관 장군묘(坡州 尹瓘將軍墓)를 들 수 있다. 고려 중기의 문신인 윤관의 무덤이다. 윤관은 별무반을 편성해 예종 2년(1107)에 여진을 정벌한 후 9성을 쌓았다. 윤관의 무덤이 어디에 있는지 명확히 알 수 없었으나, 조선 영조 23년(1747)에 후손들이 지금의 자리임을 주장하여 영조 40년(1764)에 공인되었다. 윤관장군묘 주변에는 후대에 세워진 비석과 석등이 있다.

조선시대의 현충시설 예로는 사적 제56호 고양 행주산성(高陽 幸州山城)을 들 수 있다. 임진왜란(1592) 때 권율 장군의 행주대첩으로 널리 알려진 곳으로 흙을 쌓아 올려서 만든 토축산성이다. 행주대첩은 임진왜란 3대 대첩 중 하나로, 선조 26년(1593)에 왜 병과의 전투에서 성 안의 부녀자들이 치마에 돌을 담아 날라 병사들에게 공급해 줌으로써 큰 승리를 거둔 전투이다. 당시 부녀자들의 공을 기리는 뜻에서 행주라는 지명을 따서 '행주치마'라고 하였다고도 한다. 이 안에는 1603년에 세운 '행주대첩비'가 있으며, 권율 장군을 모시는 충장사가 있다.

현재의 관련 법령을 보면 현충시설을 독립운동 관련 시설과 국가 수호 관련 시설로 구분하고 있다. 유형별로는 각종 기념비, 기념탑, 기념관, 전시관, 사당, 생가 등이 있다. 2020년 5월 기준으로 국가보훈처 현충시설정보서비스에 등록된 국내 현충시설은 2,172개소로, 독립운동 관련 938개소, 국가 수호 관련 1,234개소가 있다. 시설별 현황을 보면, 비석이 1,088개소로 가장 많고, 그다음 탑 527개소, 동상 160개소, 장소 97개소, 기념관 84개소, 사당 54개소, 조형물 50개소, 생가 46개소, 기타 66개소 등의 순이다.

현충시설의 의의는 이를 효과적으로 활용하여 국가공동체를 위한 공헌과 희생정신이 국민의 나라사랑 정신으로 이어지게 하는 데 있다. 그리고 이를 통해 희생과 헌신이 존경받고 예우 받는 보훈문화가 우리 사회의 자연스러운 상식으로 정착되도록 하는 데 그 역할이 있다. 이런 취지에서 문화재청에서도 현충시설에 대한 특별한 관리가 이루어진다. 대표적으로 문화재청에서는 소속기관으로 현충사관리소와 칠백의총관리소를 두어 절박한

국난의 시기에 조국과 민족을 구하고자 순절하신 충무공 이순신 장군과 칠백의사의 숭고한 호국정신을 선양하고 있다. 이런 문화시설은 문화유산 정보와 지식을 쉽게 접할 수 있게 하고, 동시에 올바른 역사관과 가치관을 정립할 수 있도록 하여 우리 사회 보훈문화 진흥에 크게 기여하고 있다.

보훈과 사회자본

치열한 전투가 벌어지고 있다. 전방에 있던 한 병사가 총알을 맞고 쓰러진다. 그걸 본 후방에 있던 병사가 그 전우를 구하고자 지휘관에게 이동을 청한다. 그러나 그것이 너무도 무모한 짓임을 잘 알고 있는 지휘관은 이동을 허락하지 않는다. "네가 무사히 거기에 도착하더라도 그 전우는 이미 가망이 없다. 만약 지금 네가 그쪽으로 간다면 그건 네 목숨도 버리는 일이다." 지휘관은 너무도 뻔한 결과가 예상되었기에 허락하지 않았지만 계속되는 병사의 간절한 부탁에 할 수 없이 허락하고 말았다. 병사가 빗발치는 총탄을 헤치고 부상당한 전우에게 어렵사리 도착하지만 그 동료는 곧 죽는다. 죽은 전우를 두고 후방으로 돌아오던 병사도 총탄에 맞고 쓰러진다. 지휘관이 겨우 병사를 구해 돌아온 다음 안타까운 마음에 질책한다. "소용없을 것이라고 말했고, 너도 틀림없이 위험해질 것이라고 했는데, 결국 이렇게 큰 부상을 당하지 않았는가!" 병사는 지휘관을 보며 말한다. "전우는 저를 잡고 '네가 올 줄 알았어'라며 죽었습니다. 저는 아무런 후회도 없습니다."

2020년은 봉오동·청산리 전투 100주년이고, 6·25전쟁 70주년이자 4·19혁명 60주년, 5·18민주화운동 40주년이 된 해였다. 이런 역사적 사건은 우리 사회에서 매우 중요한 의미를 가진다. 이같은 보훈의 역사는 '공동체를 위한 헌신'이라는 가치를 재확인하고 이를 통해 우리 사회의 시민적, 평화적 발전을 유도할 수 있다는 점에서 의미가 있다. 여기에서는 이와 관련하여 보훈과 사회자본의 관련성을 살펴보고자 한다. 위에 든 이야기는 신뢰를 말하고자 한 것이고, 신뢰는 사회자본이라는 개념과 이어진다. 자본은 화폐와 같이 재화와 용역을 생산하거나 효용을 높이는 데 드는 밑천을 말한다. 물리적 자본이 물리적 사물, 인적자본이 개인의 특성을 가리키듯, 사회자본이란 개인들 사이의 연계, 그리고 이로부터 발생하는 사회적 네트워크, 호혜성과 신뢰의 규범을 가리키는 말이다. 이 중에서도 사회자본은 주로 사람들 간의 관계를 자원으로 이용하는 것을 말하는데, 신뢰, 연결망이 이 개념의 중요한 내용이다. 특히 신뢰는 행위자들 간의 협동을 가능하게 하고 감시와 통제비용을 줄일 수 있다는 점에서 사회자본의 전형이라고 할 수 있다. 쉽게 말하자면 사회자본은 화폐 같이 물리적인 자본은 아니지만 화폐와 동일한 기능을 할 수 있다는 것이다. 그래서 자본이 될 수 있고, 화폐와 같은 물리적인 것은 아니므로 사회자본이라고 하는 것이다. 공동체에 있어 신뢰의 기능은 공동체의 안정과 행동의 상대적 일치성, 공동체에의 소속감을 유지하는 것이다. 이런 과정을 통해 공동체 내부의 개인과 제도의 효율성을 증진시킨다. 이처럼 사회자본은 화폐와 같이 경제성장에 영향을 미친다. 그래서 사회자본은 어느 국가든지 경제발전을 위한 필수적인 요소로 받아들여지고 있다.

최근 국가보훈처는 앞으로 업무를 추진하는 데 지표가 될 새로운 비전으로 정책 브랜드 '든든한 보훈'을 제시하였다. 이 비전은 국가유공자 모두에게 든든한 힘이 되겠다는 명시적인 선언이자 국가유공자의 헌신에 대한 보답을 국가가 든든하게 책임지겠다는 표현이다. 이 새로운 브랜드의 의미를 보면, 첫째, 보훈공직자와 보훈업무 종사자들이 국가유공자를 비롯한 보훈가족을 제대로 모시기 위해 최선을 다하겠다는 약속이다.

둘째, '나라를 되찾고, 나라를 지키며, 나라를 바로세운' 국가유공자들의 희생과 헌신을 영원히 감사하겠다는 다짐의 표현이다. 독립과 호국, 민주라는 세 영역의 헌신이 오늘의 대한민국이 있게 만들었으며, 이는 곧 국가유공자의 삶에 대한 국가의 적극적인 책임과 이어지게 된다.

셋째, 모든 국민에게 국가를 위한 헌신을 잊지 않고 보답하는 나라임을 인식시켜 대한민국에 대한 믿음과 신뢰를 확고히 한다는 것이다. 이 중에서도 세 번째 의미가 더욱 중요하며, 어떤 조건에서도 위에서 본 병사처럼 믿음과 신뢰를 견지하자는 것이 보훈의 본질이라고 본다. 보훈은 앞서의 여러 원고들에서 강조한 것처럼 우리와 우리 후손들의 의무이므로, 이는 다시 우리가 우리에게 거는 믿음과 신뢰라고 할 수 있겠다.

앞에서 보훈의 본질은 국가를 위해 희생하고 공헌한 사람들에 대한 사회적 보답이라고 했다. 그리고 현재 우리 사회가 존립을 유지하고 발전하는 과정에서 수많은 국가유공자들의 희생이 있었고, 이를 인정하고 그에 대해 보답하는 것은 국가와 국민의 기본적 책무라고 했다. 이런 보훈정책이 성공하기 위해서는 희생과 공헌에 대한 정당한 평가를 통해 그에 상응한 보답이 주어진다는 확신을 줄 수 있어야 한다. 죽어 가는 병사에게 보여준 것이 바로 보훈의 의미이다. 나라를 위한 헌신을 존중하고, 그 가치를 소중한 정신적 자산으로 보존하고 가꾸는 것은 나라의 미래를 위해 대단히 중요한 일이다. 이런 사회적 문화는 보훈이 국가통합과 민족번영의 핵심 가치로 그 본질적 역할을 하게 한다.

이런 보훈 본연의 역할을 위해서는 실천하는 주체로 보훈공단을 포함한 보훈공직자의 적극적 수행이 필요하다. 이번 '든든한 보훈' 브랜드 선언도 그런 다짐의 일환이라고 생각한다. 이런 계기를 통해 보훈정책을 쇄신하는 것은 물론 우리 사회의 문화와 보훈을 보는 가치관 자체를 바꿔낼 수 있다면 다행이라고 본다.

보훈의 원칙

　보훈은 우리 사회를 지탱하는 기본적인 하부구조이다. 이런 보훈이 본연의 역할을 충실히 하기 위해서는 보훈의 원칙이 잘 수립되고, 지켜져야 한다. 그리고 보훈정책이 성공하기 위해서는 희생과 공헌에 대한 정당한 평가를 통해 그에 상응한 보답이 주어진다는 확신을 줄 수 있어야 한다. 그렇지 않으면 국가공동체에 대한 자발적 헌신을 기대하기 어렵기 때문이다. 여기에는 몇 가지 지켜야 할 '보훈의 원칙'이 있다. 이 원칙은 보훈학을 정립하는 데 큰 기여를 하고 있는 김종성(2017)의 의견을 중심으로 한다. 김종성은 『한국보훈정책론』(2005), 『보훈의 역사와 문화』(2012) 등의 연구를 통하여 사실상 보훈학을 만들어가고 있다.

　보훈의 원칙 중 첫째는 보훈은 국가공동체의 도덕적 책임(Moral Responsibility)이라는 점이다. 이것은 법적 책임의 범위를 넘는 것이라는 뜻이다. 국가유공자들은 누가 시켜서 그런 공헌과 희생을 한 것이 아니다. 국가유공자들은 윤리적 책임을 누구보다 절실히 깨닫고 다른 사람들이 알지 못하거나 하지 않을 때 고독하게 먼저 나선 사람들이다. 그런 공헌과 희생에는 사회가 윤리적인 차원에서라도 보상해야 한다. 이런 의미에서 보훈은 손해나 손실의 정도가 아니라 희생이나 공헌 그 자체에 대한 보답으로서 국가가 응당히 찾아서 인정하고 보상하며 예우를 다해야 할 도덕적 책무라는 것이다.

둘째는 보훈은 국가공동체가 그 성원으로부터 진 빚을 갚는 것, 즉 부채의 변환이라는 점이다. 보훈이 부채라는 개념은 '갚을 보(報)' 자를 쓰는 '보훈(報勳)'이나 '보상(報償)'이 잘 보여준다. 그 같은 관념은 1790년 프랑스 국민의회에서 나온 '인정의 부채(Dette De Reconnaissance)'와 1820년 미국의 연금 논쟁에서 엿볼 수 있다. 그것은 "빈곤에 대한 위로가 아니라 양심적 부채의 청산이며 봉사에 대한 보답이다"라는 원칙이다. 국가유공자는 이런 사례보다 더한 공헌과 희생을 인정할 수 있는 경우이다. 그러므로 국가유공자에 대한 보답은 더 당연해야 한다. 그렇기 때문에 보훈은 생활정도를 고려하는 사회보장과 달리 국가가 반드시 갚아야 할 채무로 간주된다.

보훈의 세 번째 원칙은 최대한으로 보장(National Maximum)하라는 것이다. 품위 있고 영예로운 생활이 유지·보장될 수 있는 수준의 충분함을 지향해야 한다는 것이다. 국가유공자에 대한 보상 기준을 마냥 높게만 정할 수는 없다. 우리 사회가 감당할 수 있는 경제적 능력에는 한계가 있고, 이런 능력을 어떻게 사용할 것인가에 대해서는 사회적 합의가 필요하기 때문이다. 그럼에도 국가유공자에 대한 보상이 필요하다는 인정과 우리가 할 수 있는 최대의 보답이 그 수준이 되어야 한다는 것은 명확하다. 이는 국가의 능력이 허용하는 한 그에 상응하여 그 수준이 높아져야 하며 일회성이 아니라 계속적으로 제공되어야 한다는 의미를 내포하고 있다. 「국가보훈기본법」의 "국가유공자와 그 가족의 영예로운 생활이 유지·보장되도록 실질적인 보상이 이뤄져야 한다."는 규정이 바로 그 같은 원칙을 천명한 것이라 할 수 있다. "조국이 필요로 할 때 전장에 나가 싸우던 중의 희생은 존엄한 가치로 영구히 존중돼야 하고, 직업 활동 중의 재해보다 더 높은 수준으로 보상하며, 전사상자와 그 유족들이 필요로 하는 한 최대한 보살피는 것이 국가의 임무이다." 이것은 보훈의 보편적인 원칙을 잘 보여주는 영국 보훈법의 규정이다.

지금까지의 원칙이 물질적인 것이라면 넷째는 정신적 보답의 원칙이다. 물질적 보답에서 끝나는 것이 아니라 그 희생과 공헌의 가치를 존중하고 계승하며 정체성(Identity)을 지켜야 할 책임을 말한다. 우리가 국가유공자의 희생과 공헌을 기억하고 기리는 것은 그 애국정신을 이어받기 위한 것이다. 국가유공자의 공헌은 오늘의 우리를 있게 한 근원이다. 오늘의 대한민국은 조국 독립과 국가 수호, 민주화, 그리고 국민의 생명과 재산 보호를 위한 국가유공자의 희생과 헌신 위에 서 있는 것이다. 이러한 국가유공자의 공헌을 기리고 보답하는 보훈은 그러므로 우리의 당연한 의무이다. 그리고 이런 마음가짐이 우리 사회의 정체성이 되어야 한다. 보훈에는 이런 정체성을 지켜야 할 책임으로서 정신적 보답이 포함되어 있어야 한다. 이런 정체성이 문화가 되고, 보훈문화가 우리 사회에 충실할 때 보훈은 새로운 국민통합 시대를 여는 매개가 된다.

나라를 위한 헌신을 존중하고 그 가치를 소중한 정신적 자산으로 보존하고 가꾸는 것은 나라의 미래를 위해 대단히 중요한 일이다. 국가유공자에 대한 보상과 예우의 성패는 앞서 말한 이런 원칙들이 현실적으로 어떻게 구현되는가에 달려 있다. 미국 보훈부의 모토에 이런 것이 있다. "생존해 있을 때 최고로 봉사하며 죽은 후에 영원히 기억하라." 보훈의 핵심을 잘 짚은 표현이다.

보훈이 잘 돼 있는 나라일수록 일류 국가인 동시에 강한 국가라는 것은 두말할 나위가 없다. 그렇기 때문에 보훈을 한다는 것은 국가의 애국적 임무(Patriotic Duty)라 할 수 있다. 우리 사회는 보훈의 원칙을 담은 슬로건으로 '든든한 보훈'을 내세우고 있다. 국가보훈처는 2020년 확실한 변화, 정책 중심 부처로 거듭나겠다는 의지를 담은 새로운 정책브랜드 '든든한 보훈'을 발표하면서, 이는 '국가를 위한 헌신을 잊지 않고 보답하는 나라'를 만들기 위해 국가가 든든하게 책임진다는 믿음의 약속이며, 희생하고 공헌하신 분들을 전 국민이 함께 기억하고 선양하여 국민통합과 국가발전에 기여하겠다는 의미를 담고 있다고 설명하고 있다. 이러한 의지를 브랜드의 디자인 핵심요소로 '든든하게 끝까지 책임진다'는 의미의 무한(Infinity, ∞)을 상징으로 활용했다.

이 브랜드가 아래 그림이다.

출처: 국가보훈처

의병과 독립운동

2018년 한 방송국에서 제작한 드라마('미스터 션샤인')가 세간의 화제가 되었다. 이 드라마에서는 구한말 실제로 한 외신기자가 의병들을 인터뷰했던 장면이 극중에 삽입되면서 시청자들이 더욱 몰입할 수 있었다. 이전에 국사 교과서에서 보았던 이 사진이 드라마 장면과 겹쳐지면서 그 일이 바로 어제 있었던 일인 양 느껴지는 이상한 경험도 하였다. 국권을 완전히 상실한 경술국치(庚戌國恥, 1910)가 있기 몇 해 전을 배경으로 당시 혼돈의 시대상을 그린 이 드라마의 주인공들은 이름도 채 알려지지 않은 의병들이었다. 나라를 구하려고 목숨 바친 의병들을 망각의 세월에서 끄집어내 보여주면서 역사의식을 고취했다는 점에서 지금도 그 가치를 인정하고 싶다.

의병(義兵)이란 나라가 외적의 침입으로 위급할 때 국가의 명령을 기다리지 않고 스스로의 의지에 따라 그들과 대항하여 싸웠던 사람들이다. 대대로 외침이 잦았던 우리 역사에서는 의병들이 계속 이어져왔다고 할 수 있다. 그중에서도 이 드라마에 등장하는 의병운동이 대중적 기반 위에 광범위한 지역에 걸쳐 본격적으로 전개되기 시작한 계기는 을사늑약(1905)이다. 흔히 을사조약으로 불리는 을사늑약을 체결하면서 당시 대한제국은 국권을 강탈 당해 형식적인 국명만을 가진 나라로 전락하였다. 강제로 체결된 을사조약으로 한국의 외교권은 완전히 박탈되어, 영국·청국·미국·독일 등 주한 외국 공관들도 철수하고 말았다. 이런 을사늑약 체결 소식이 전해지자 경향 각지에서 의병운동이 본격적으로 일어났다.

당시 대한제국 황제인 고종은 이와 같은 을사늑약의 무효를 선언하고, 주권 수호를 호소할 목적으로 1907년 6월 헤이그(Hague)평화회의에 특사를 파견하였다. 그러나 헤이그 특사 파견 사실을 알게 된 일제는 7월 20일, 통감 이토 히로부미(伊藤博文)를 앞세워 고종을 강제로 퇴위시키고 대신 순종을 즉위하게 하였다. 이어 7월 24일에는 정미칠조약(丁未七條約)을 체결, 한국의 내정권마저 장악하였다. 이어서 한국 식민지화의 최대 장애였던 한국 군대의 강제 해산을 8월 1일부터 약 한 달에 걸쳐 단행하였다. 이때 상당수의 한국 군인은 군대 해산에 반발, 일본군과 치열한 교전을 벌인 뒤 의병에 합류하였고, 이로써 전국적으로 확대된 의병항전은 대일 전면전의 성격으로 격화되기에 이르렀다.

이처럼 해산 군인들이 의병으로 합류함으로써 의병운동 발전에 새로운 전환점을 가져오게 되었지만, 예전 역사처럼 의병의 중심은 역시 보통 서민들이었다. 드라마 상에서도 볼 수 있었듯이 이들은 인력거를 끌다가, 도기를 굽다가, 무장한 일본군을 향해 총을 들고 나섰다. 의병이라고 하면 용감하고 대단한 사람들일 줄 알았는데 그들 역시 소심하고 두려워했으며, 자기의 일상을 간절히 지키고 싶었던 그냥 보통의 사람들이었다는 것을 이 드라마는 절절히 보여주고 있다.

그러나 이렇게 치열하게 전개된 의병항전은 1909년 9월, 일제의 '남한대토벌작전'에 밀려 그 기세가 누그러진다. 그러다가 한일합병조약이 체결된 1910년 이후부터는 이들 의병들은 지하로 스며들거나 만주·러시아 또는 구미(歐美)지역으로 망명의 길을 떠나 독립군 또는 광복군으로 변신하여 해외에서의 독립투쟁을 전개하여 나갔다. 이 시기 일제의 극심한 탄압 속에서도 의병의 후예들은 그 정신을 이어가며 끈질긴 저항을 지속하고 괄목할 만한 성과들을 보여준다. 특히 3·1운동(1919) 이후에 만주지역에서의 활약이 눈에 띈다. 3·1운동의 영향으로 만주지역의 독립군이 크게 늘어났고, 1920년대에는 만주지역에만 450여 개의 무장독립단체가 만들어져서 일본 군인이나 경찰과 치열한 전투를 벌일 정도로 수도 많아지고 강해졌다. 이 와중에서 1920년 6월 7일 중국 지린성(吉林省) 왕칭현 봉오동에서 홍범도, 최진동, 안무 등이 이끈 대한북로독군부의 독립군 연합부대가 일본군을 크게 무찌르고 승리한다. 이것이 의병의 후예인 독립군이 승전한 사상 첫 전투인 '봉오동 전투'이다. 이 봉오동 전투에서 크게 패한 일본군은 보복을 한다고 1920년 10월 엄청난 수의 부대를 이끌고 만주로 출병했고, 이를 알아챈 만주지역 독립군 부대들은 백두산 계곡 근처의 화룡현 청산리로 이동하였다. 전투를 위해 모인 독립군의 총병력은 김좌진 장군의 북로군정서 병력과 홍범도 장군의 대한독립군 등 2천 8백 명 정도였다. 독립군 부대로서는 최대 규모였지만 일본군에 비하면 1/20 수준이었고, 철저하게 훈련받은 일본군에 비해 독립군은 보통의 서민으로 구성된 민간인 부대였다. 그럼에도 10월 21일~26일 사이에 계속된 10여 차례의 전투에서 독립군 부대는 일본군을 크게 무찌르는 전과를 올렸다. 이것이 바로 '청산리 전투'이다. 이들 전투의 승리는 독립군 병사들의, 죽음을 두려워하지 않는 정신, 간도지역 조선인들의 헌신적인 지지와 성원이 함께 어우러져 거둔 성과라고 할 수 있겠다. 의병에서 시작하여 광복군으로 이어지는 이런 정신이 광복을 달성하는 밑바탕이 된 것은 자명한 일이다.

오늘날 우리가 누리고 있는 자유와 평화는 국권 회복을 위한 이런 애국지사들의 숭고한 희생과 헌신에 의존하고 있는 것은 누구도 부정할 수 없다. 따라서 이분들이 실천한 희생과 헌신의 자주독립 정신을 기억하고, 계승·발전시키는 것은 우리 모두의 책임이며, 이런 노력이 보훈의 핵심이라고 할 수 있겠다. 2020년은 봉오동·청산리 전투 100주년을 맞는 해였다. 이를 기념하여 국가보훈처를 중심으로 정부에서는 항일 독립전쟁의 역사적 의미를 국민과 함께 기억하는 행사를 마련하였다. 이런 행사들은 기성세대는 물론 자라나는 미래세대의 자발적 참여를 통해 모든 국민이 하나 된 마음으로 독립의 역사를 기리고 계승하는 데 중점을 두었다. 특히 국외 안장 독립유공자 유해 봉환을 추진하였다. 이 중에는 평민 출신 독립군 대장 홍범도 장군의 유해도 포함되었다. 1868년 평양에서 태어난 홍범도 장군은 1920년 봉오동·청산리 전투를 승리로 이끌었지만 스탈린 정부 시절 중앙아시아로 강제 이주돼 현재의 카자흐스탄 크질오르다에서 숨졌다.

이런 독립유공자 유해 봉환은 일제하 칠흑 같은 어둠 속에서 독립을 위해 온몸으로 헌신한 이들의 희생과 노고를 제대로 기리는 계기가 된다. 그리고 2020년 4월 기공한 대한민국임시정부기념관은 2021년 하반기까지 완공할 계획이다.

위에서 거론한 드라마 마지막 회에서는 이런 문구가 떴었다. '굿바이 미스터 선샤인, 독립된 조국에서 씨유 어게인.' 불꽃처럼 살다 간 우리 의병 조상들이 이런 계기를 통해 2020년 독립된 조국에 다시 살아 돌아왔으면 좋겠다. 그리고 이렇게 다시 돌아온 의병들이 주위를 돌아봤을 때 그들이 꿈꾸던 조국의 모습과 일치할 수 있다면 정말 행복하겠다.

현대 보훈제도의 발전 과정

　우리나라는 오랜 역사를 이어오는 동안 대내외적으로 숱한 국난을 겪어 왔다. 과거 왕조시대부터 주변국들의 외침이 끊이지 않았으며, 근대에 이르러 역시 일본의 침략을 비롯하여 6·25전쟁, 4·19혁명, 5·18민주화운동 등 국가적 위기와 격변의 상황을 여러 차례 겪었다. 그 과정에서 많은 군인과 경찰들을 비롯하여 일반 국민들까지도 국가 수호와 자주독립, 민주화 등을 위해 목숨을 바치거나 심각한 장애를 얻는 등의 희생을 하였다. 따라서 이러한 역사적 사건과 정황으로 미루어볼 때 우리나라의 보훈제도는 세계 어느 나라보다도 오랜 전통을 지니고, 체계적으로 잘 발달되어 있어야 함이 마땅하다.

　그러나 안타깝게도 우리나라 근대 보훈제도는 20세기 후반에 이르러서야 비로소 선진화된 체계를 갖추게 되었다. 이는 과거

왕조시대의 경우 낙후된 국가 경영 의식으로 인해 또 그 이후에는 일제강점기로 인해 국가의 주권을 상실하는 등 현실적 어려움이 있었기 때문이다.

우리나라가 법률에 근거한 보호제도를 처음으로 실시한 것은 1950년대에 이르러서였다. 우리나라는 해방공간에서 좌익 게릴라 토벌 과정에서 발생한 사상군경에 대한 지원을 목적으로 1950년 「군사원호법」과 1951년 「경찰원호법」을 제정, 사회부 원호국을 중심으로 내무부, 국방부, 체신부 등 정부기관과 군경원호회 등에서 원호활동을 시작하였다. 그러나 6·25전쟁과 전후복구사업에 따른 재정적 어려움 등으로 인해 1950년대의 원호활동은 형식적 지원에 그칠 수밖에 없었다.

정부는 이러한 문제를 해결하기 위하여 1961년 7월 5일 「군사원호청설치법」을 제정하고, 같은 해 8월 5일에는 군사원호청을 창설함으로써 여러 기관에 분산된 원호업무를 통합, 일원화하였다. 또 「군사원호보상법」, 「군사원호대상자 임용법」, 「군사원호대상자 자녀교육보호법」 등 5개의 법률을 제정, 보상금을 비롯하여 의료보호, 직업보도, 교육보호, 정착대부, 수용보호 등 각종 지원제도를 시행함으로써 국가유공자에 대한 지원정책의 기반을 구축하였다. 이 같은 우리나라의 보훈제도 변천 및 발전 과정은 크게 5단계로 나누어 볼 수 있다.

제1단계는 6·25전쟁 직후부터 군경에 대한 원호업무를 정부의 여러 부서에서 산발적으로 실시하였던 원호처 창설 이전기(1950~1960), 제2단계는 군사원호청이 창설되어 근대적 보훈제도를 마련하기 시작한 제도구축기(1961~1973), 제3단계는 보훈 관계 법령 및 행정조직의 재정비와 함께 보상급여체계의 조정, 저소득대상자 중점지원 시책 수립 등 관련 제도를 새롭게 정비한 제도정비기(1974~1984), 제4단계는 원호처를 국가보훈처로 개칭하고 「국가유공자 예우 등에 관한 법률」 시행 등 그동안의 물질적 원호 중심에서 정신적 예우로의 보훈정책 패러다임을 바꾼 제도전환기(1985~1996), 그리고 제5단계는 5·18민주화운동 참여자를 비롯하여 10년 이상 장기복무 제대군인과 7급 경상이자까지 지원 대상에 포함하는 등 보훈대상 범위를 크게 확장하는 한편, 선진 보훈·보상체계를 확립한 제도발전기(1997~현재) 등으로 구분할 수 있다. 이하에서는 이러한 단계별 또는 시대별 구분에 의거해서 보훈정책의 발전 과정을 좀 더 구체적으로 살펴본다.

원호처 창설 이전기(1950-1960)

　우리나라 보훈제도의 역사를 살펴보면, 일찍이 삼국시대나 고려시대, 조선시대 등 왕조시대에도 건국 공신이나 전쟁유공자들을 대상으로 경제적·사회적(신분상승 등) 보상을 실시하거나 기념사업 형태의 예우를 시행하는 등 전통적 보훈제도가 존재하였다. 그러나 국가 차원에서 관계 법령 등을 제정하고 전담기구를 설치하여 체계적인 보훈정책을 수행한 것은 1950년대 초부터였다.

　우리나라의 현대적 보훈제도의 필요성과 도입 배경을 살펴보면 다음과 같다. 우리나라는 1945년 8월 15일 일제강점에서 벗어나 광복을 맞이하였지만 광복의 기쁨을 누릴 겨를도 없이 남북분단과 좌우 이념 대결의 소용돌이에 휩쓸려 민족분열과 동족상잔의 비극을 가져왔다. 1945년 9월 7일 미국은 우리나라에 대해 군정(軍政)을 선포하고 한반도의 38선 이남에 대한 통제권을 장악하였으나, 1945년 10월 1일 대구에서는 경찰과 시민 사이의 대규모 충돌이 발생하였고 이것이 전국적으로 파급되어 수많은 경찰관들이 희생되었다.

　1948년 정부수립 이후에도 좌익 세력에 대한 토벌전과 38선상의 소규모 교전은 더욱 확대되었고, 특히 같은 해 여수순천

10·19사건으로 대규모의 군인과 경찰 사상자가 발생하였다. 또한 이 사건에 연루된 좌익 세력 및 그 추종 세력들이 지리산 등에 입산하여 게릴라 활동을 계속하는 한편 1948년 4월 3일 이후 제주도에서 전개된 사태로 말미암아 많은 군경 희생자들이 발생하였다.

이어 1950년 발발한 6·25전쟁은 일찍이 우리 민족사에 유례를 찾아볼 수 없을 정도로 깊은 상처를 남겼으며, 직접적으로 수십만 명의 전쟁사상가 발생하였다. 또 이로 인한 전몰군경유족과 상이군경에 대한 지원 문제는 현실적으로 심각한 사회문제로 대두되어 이들에 대한 국가의 보상 시책이 절실히 요청되기에 이르렀다.

이런 역사적 배경을 바탕으로 원호처(현재의 보훈처) 창설 이전 시기의 보훈제도를 살펴보면 다음과 같다. 앞에서 살펴본 대로 해방 이후부터 6·25전쟁 이전 시기에 38선 이남 지역에서는 좌익 세력과의 분쟁이나 전투 과정에서 많은 수의 군인과 경찰이 부상을 당하거나 목숨을 잃었다. 이에 따라 당시 상이장병과 전몰군경 가족 또는 유족에 대한 지원을 목적으로 1950년 6월 「군사원호법과」를 제정하여 원호제도를 도입·시행하였으며 이것이 우리나라 근대 보훈제도의 효시라 할 수 있다.

이어 1950년 6·25전쟁이 발발하여 국군장병뿐 아니라 경찰, 청년단, 향토방위대, 소방관 등과 애국단체 구성원들이 총동원되어 전투에 참가, 수많은 사상자가 발생하였다. 따라서 이들에 대한 국가적 지원 대책이 절실히 요구되었고, 정부는 1951년 4월 「경찰원호법」을 제정, 국가 수호를 위해 희생한 경찰관을 비롯하여 애국단체 구성원 등도 「군사원호법」의 내용과 동등한 원호 혜택을 받을 수 있도록 하였다.

당시 이러한 정부의 원호정책은 사회부 원호국을 중심으로 내무부, 국방부, 체신부 등 정부기관과 군경원호회 등에서 제각각 시행하였다. 그러다보니 원호정책의 효율성을 기하고 성과를 거두기 어려웠고, 또한 당시에는 국가 재정 상태 역시 극히 취약하여 만족할 만한 수준의 보상을 실시할 수가 없었다. 뿐만 아니라 전쟁으로 인한 상이군경과 전몰군경의 유족들 수가 급작스럽게 크게 증가하다 보니 국가 수호를 위한 공로로 존경받아야 할 이들이 생계의 어려움을 겪음은 물론 사회로부터 냉대를 받는 실정에까지 이르게 되었다.

1961년에 와서야 정부에서는 6·25전쟁 관련 전사·상군경과 그 유가족의 어려운 생활 실태를 인식하고 이들에 대한 지원을 전담할 군사원호청을 창설, 각종 생계안정시책을 본격적으로 추진하였으며, 이어 1962년에는 군사원호청을 원호처로 승격시켰다.

제도구축기(1961-1973)

5·16 이후 정부에서는 군사원호청을 설치하고 보훈기구를 통합·강화함과 동시에 보훈 관계법령을 정비, 보훈대상자의 확대와 정책의 내실화를 적극 추진하였다. 이 시기 보훈정책의 골자와 기본방향을 보면 다음과 같다.

첫째, 보훈정책의 기본목표를 국가유공자의 생활안정과 명예선양에 두었다.

둘째, 집단 또는 단체 지원은 지양하고 개인 보훈 원칙을 지향함으로써 보훈대상자의 범위 확대를 통해 보훈업무의 영역을 넓히고 보훈 관련 유사단체의 갈등을 단계적으로 해소해 나갔다.

셋째, 국가의 재정 상태를 감안하여 과중한 국민 부담의 증가를 피하고, 보훈사업을 단계적으로 확대시켜 나갔다. 이에 따라 가능한 직접적인 재정 의존을 줄이면서 사회 공동부담 내지 자체 기금 조성 방향으로 보훈사업을 전개하였다.

넷째, 활동 능력을 상실한 중상이자와 노령자 등은 수당제도 신설에 의한 단계적 생계보조 방법으로 지원하는 한편, 활동 능력이 있는 경상이자, 미망인, 유자녀 등은 취업, 대부 등의 방법으로 스스로 생계 해결을 촉진하는 방향으로 시책을 추진하였다.

다섯째, 개별 이익만을 위하여 활동하던 각종 보훈단체 또는 친목단체를 회원의 전체 이익과 공익적 사회활동에 기여하는 보훈단체로 성장해 갈 수 있도록 하였다.

이런 보훈정책 기본방향을 바탕으로 이 기간에 진행된 보훈제도 발전 과정을 살펴보면 다음과 같다. 1960년대에 접어 들면서 전후의 혼란기가 어느 정도 진정되자 보훈 대상자의 관리와 보훈사업의 효율화를 위한 행정체계의 확립이 급선무로 대두하였고, 보상금 급여의 기준 마련 역시 당시로서는 중요한 행정 과제였다. 따라서 정부는 1961년 「군사원호청 설치법」을 제정하여 처 본부와 5개 원호지청 및 25개 출장소를 설치하였으며, 1962년에는 군사원호청을 원호처로 승격, 개편하였다. 그리고 이때부터 그동안 산만하게 관리, 운영되던 보훈대상자의 실태 등을 파악하기 위한 작업이 시작되었으며, 보훈 범위 역시 전시 희생자 외에도 애국지사 및 그 유족, 4·19희생자, 월남 귀순자까지 그 대상 범위를 확대하였다.

한편 1962년에는 「군사원호 보상급여금법」을 제정, 사망자 유족에게는 연금을 지급하고 상이군경에게는 상이 정도에 따라 연금 및 생계부조수당, 간호수당을 추가 지급할 수 있도록 하였다. 또한 직업보도 사업은 「군사원호법」 상의 고용명령제도를 보다 합리적으로 운영할 수 있도록 개선하는 한편, 자활 노력자나 무주택자를 위한 정착대부제도를 마련하였고, 이를 위한 원호회전기금도 설치하였다. 이와 같이 위 기간 중에는 제도의 개선과 관리 및 운영체계를 정비함으로써 보훈의 기본적 체계를 어느 정도 갖추게 되었다. 또한 국가의 재정적 역량이 취약하던 당시 상황 하에서도 보훈대상자를 확대하고 각종 보훈 시책의 내실화를 기하기 위해 총력을 기울였으며, 보훈대상자의 자립·자활을 제도적으로 뒷받침하기 위하여 보훈관계 법령의 제정 및 정비에도 많은 노력을 기울였다.

제도정비기(1974-1984)

정부는 1961년 이후 보훈 관계 기구 및 법률의 정비, 보훈대상 범위 및 보상 수준의 확대 등 보훈대상자들에 대한 지원 시책을 강화하기 위해 적극 노력해 왔으나, 당시의 취약한 국가 재정 상황과 전후의 어려운 사회 여건상 미흡한 점이 적지 않았다.

특히 보훈대상자들에 대한 경제적 지원에 있어 보훈연금제도를 도입하고 급여 내용을 대폭 개선하였음에도 불구하고 보상금 지급수준이 낮고 보상방법 등도 체계화되어 있지 않아 전반적으로 보훈대상자의 생계는 열악한 상태를 면하지 못하였다. 이에 따라 1974년에는 보훈대상자의 생활 실태를 파악하기 위한 전수조사를 실시하여 보상금의 지급 수준을 높이고 저소득대상자를 중점 지원하는 시책을 마련하였다. 당시 보상금의 지급수준으로는 연금지급을 백미 반 가마 수준으로 하고, 상이 1급 대상자는 100% 노동력 상실로 가정하여 평균가계비 수준의 부가연금과 간호수당을 지급하도록 하였다. 또 상이 2급의 경우 평균가계비의 80%를 보상하고 무의탁노령 유족에게는 평균가계비의 45%를 보상하도록 하는 등 보상 수준의 현실화를 위해 노력하였다. 한편 중상이자를 위한 간호수당은 일용노동자의 일당액 수준을 부가 지급하도록 하였으며 이 외에도 저소득 대상가구에는 별도로 구호수당을 지급할 수 있게 하였다.

또한 간접지원 사업으로 실시되던 교육지원사업, 직업보도사업과 의료보호사업에도 정부투자를 한층 강화하였으며, 공상자와 순직자, 애국지사 중 표창자, 재일학도의용군 등도 새로이 보훈대상자로 편입시켰다.

1984년부터는 그동안의 물질적 보상 중심 제도에서 탈피하여 정신적 예우를 포함하고 보훈의 이념을 좀 더 적극적인 국가의 역할, 보훈대상자의 권익 강화, 보훈의 사회적 가치를 동시에 추구한다는 데에 초점을 맞추고 「국가유공자 예우 등에 관한 법률」을 제정, 기존의 7개 법률을 통·폐합함으로써 우리나라 보훈제도의 운영 기반을 새롭게 구축하였다. 특히 동 법률을 통해 보훈제도의 이념을 보다 명백히 함과 동시에 보상의 수준 역시 '국가유공자의 영예로운 생활이 유지, 보장되도록 실질적인 보상을 하여야 한다.'고 규정하였다. 또한 보훈의 기본이념을 손상시킬 우려가 있는 용어 및 호칭은 새롭게 개정, 보훈정책의 패러다임을 획기적으로 변화시키는 전기를 마련하였다.

제도전환기(1985-1998)

1961년 군사원호청 창설 이후 발전을 거듭하던 보훈제도는 제5공화국 출범과 더불어 그동안의 생계지원 중심 시책에서 예우 중심 시책으로 전환하기 위한 기반 조성 작업에 박차를 가하였다. 특히 국가유공자와 그 유족이 국가와 사회로부터 합당한 예우를 받고 자긍심과 명예로움을 느낄 수 있도록 하는 정책 방안을 적극 모색하게 되었다.

이에 정부에서는 1984년 8월 2일 그동안 시행되어 오던 「군사원호보상법」, 「국가유공자 및 월남 귀순자 특별원호법」, 「군사원호 보상급여금법」, 「군사원호대상자자녀 교육보호법」, 「군사원호대상자 임용법」, 「군사원호대상자 고용법」, 「원호대상자 정착대부법」 등 7개 법령을 통합, 일원화하여 「국가유공자 예우 등에 관한 법률」(이후 「국가유공자 등 예우 및 지원에 관한 법률」로 개정)을 제정·공포, 1985년 1월 1일부터 시행하기에 이르렀다. 동 법률이 제정·시행됨에 따라 우리나라 보훈 시책은 그동안의 물질적 지원 시책에서 정신적 예우 시책으로 전환하였다.

이 시기 보훈제도에서 눈에 띄는 변화는 원호에서 보훈으로 전환이라고 할 수 있다. 1985년 1월 1일부터 시행된 「국가유공자 예우 등에 관한 법률」 제1조에는 '국가를 위하여 공헌하거나 희생한 국가유공자와 그 유족에 대하여 국가가 응분의 예우를 행함으로써 국가유공자와 그 유족의 생활안정과 복지향상을 도모하고 아울러 국민의 애국정신 함양에 이바지함을 목적으로 한다.'고 법률의 제정 목적이 명시되어 있다. 또한 동 법률은 국가유공자들에 대한 예우의 기본이념에 대해서도 '우리 대한민국의 오늘은 온 국민의 애국정신을 바탕으로 순국선열을 비롯한 국가유공자의 공헌과 희생 위에 이룩된 것이므로 이러한 공헌과 희생이 우리와 우리의 자손들에게 숭고한 애국정신의 귀감으로서 항구적으로 존중되고, 그 공헌과 희생의 정도에 대응하여 국가유공자와 그 유족의 영예로운 생활이 유지·보장되도록 실질적인 보상이 이루어져야 한다.'고 제2조에서 규정함으로써 보훈의 지향점과 국가유공자들에 대한 보상의 수준 등을 명확히 제시하고 있다.

이와 함께 국가유공자들을 위한 각종 정신적 예우 시책을 강구할 것을 선언적으로 명시하는 한편, 보훈의 기본이념을 손상시킬 우려가 있는 용어와 호칭 등도 모두 개정하였다. 따라서 종래의 '원호대상자'는 '국가유공자' 또는 '국가유공자 유족 및 가족'으로 바꾸는 한편 원호처는 '국가보훈처'로, 지방원호관서는 '지방보훈관서'로 개칭하였다. 또한 「국가유공자 예우 등에 관한 법률」의 제정과 동시에 「원호기금법」, 「한국원호복지공단법」 등의 관련 법규의 용어 역시 '원호'에서 '보훈'으로 대체하여 정비하였다.

이를 계기로 국가보훈처는 동 법률의 목적과 이념에 근거하여 국가유공자들에 대한 정신적 예우를 위한 시책으로서 민족정기선양사업 등을 적극 추진하였으며, 1990년 1월 13일에는 관련

업무의 효과적 수행을 위해 기념사업과와 자료관리과, 교육과로 구성된 기념사업국을 신설하는 등 조직을 강화하였다. 또한 제대군인 관리업무의 효율적 수행을 위해 군인보험과를 제대군인지원과로 개칭하였으며, 복지과와 직업보도과를 보훈과로 통합, 지도과를 단체지원과로, 대부관리과를 기금운영과로 개칭하는 등 조직을 새롭게 정비하였다.

이 시기 보훈제도 변화와 관련하여 주관부처의 명칭이 원호처에서 국가보훈처로 변경되었다는 점을 들었다. 이와 관련하여 보훈과 국가보훈처라는 명칭이 나오게 된 사정을 살펴보겠다. 1984년 「국가유공자 예우 등에 관한 법률」 제정에 따라 기존의 원호대상자라는 호칭이 국가유공자라는 영예로운 호칭으로 바뀌게 되면서 원호처의 기관명 또한 새롭게 명명해야 할 필요성이 대두되었다. 당시 원호처에서는 새로운 기관명을 어떻게 바꿀 것인지를 놓고 내부 직원들의 제안을 모으는 한편 한글학자, 언론인, 작가 등 외부 전문가들에게도 자문을 구하였다. 이때 이들로부터 추천받은 이름은 '절사처(節謝處)', '장의처(莊義處)', '충의처(忠義處)' 등 다양하였다. 이런 이름들이 내포한 뜻은 좋으나 어감과 발음, 시대 정서 등을 감안할 때 새로운 기관명으로 사용하기에는 적절하지는 못했다. 이에 원호처에서는 내부 직원들의 제안을 토대로 논의를 거듭한 끝에 최종적으로 보훈처라는 이름을 선정하기에 이른다. 보훈이란 자의(字意) 그대로 국가유공자들을 정성껏 섬기려는 정책 의지가 느껴지는 용어로서, 세계 보훈정책 담당기관 중 이러한 사의(謝意)를 담은 명칭을 사용하는 나라는 우리나라가 유일하다.

제도발전기(1997-현재)

 1990년대 후반부터 현재까지는 보훈제도의 발전기라고 할 수 있다. 보훈대상 및 범위, 보훈사업의 영역, 보훈혜택의 수준 등 전반적인 면에서 정책적 확장과 확충이 적극 추진되며 선진 보훈체계를 갖추게 되었다.
 우선 보훈대상 범위에 있어 10년 이상 장기복무 제대군인, 상이 7급 경상이자 및 독립운동공로로 건국포장 또는 대통령표창을 받은 자, 5·18민주화운동 관련자를 국가유공자로 예우하는 등 그 범위를 크게 확대하였다. 또한 민족정기 선양사업의 범위에 참전 기념사업과 민주화운동 기념사업을 포함시켜 독립정신, 호국정신, 민주정신의 선양을 포괄하는 체제를 갖추었다.
 보상제도에 있어서도 무공영예수당, 6·25전몰군경자녀수당,

6급비상이사망자 유족연금 승계 등 보훈보상금 지급 대상을 확대하고 보훈보상금 지급 수준을 획기적으로 향상시켰다. 또 국가유공자들이 거주지 인근 민간병원에서 진료를 받을 수 있도록 위탁병원을 확대하는 한편 민족정기 선양사업과 보훈문화 확산을 통하여 국민들로 하여금 위국헌신과 나라사랑하는 마음을 고양하게 하는 등 각 분야별로 적극적이고 활발한 정책을 추진하였다.

보훈과 화폐

지폐 속의 그림과 그 의미

경제가 수학문제도 아닌데 왜 이렇게 어렵냐는 한탄이 사방에서 들려오고 있다. 이렇게 경제가 어려워지면서 가장 먼저 생각나는 것 중 하나가 바로 돈이다. 돈과 관련하여 가장 쉽게 이해되는 것은 지폐일 것이다. 우리 국민 대부분이 많건 적건 몸에 돈을 지니고 있다. 그러나 경제가 어려워지다 보니 그걸 쓰기는 점점 더 주저하게 된다. 고액권일수록 이런 심정은 더할 것이다.

2006년 국회에서 고액권 발행 결의가 있었고, 2009년 6월 오만원권 발행과 함께 기대와 우려가 공존했다. 2020년은 오만원권 발행 11주년이 되었다. 2019년 한국은행이 발표한 '오만원권 발행 10년의 동향 및 평가'를 보면 오만원권 지폐가 십만원권 수

표를 빠르게 대체하면서 수표 사용이 줄어들었다고 한다. 수표가 지급수단 사용 건수에서 차지하는 비중은 2008년 14.4%에서 2018년 0.6%로 급감했다. 이와 함께 오만원권이 다른 화폐를 빠르게 대체하면서 생긴 효과로는 화폐 제조 및 관리 비용이 대폭 줄었다는 것이다. 한국은행은 만원권을 제조할 경우와 비교했을 때, 제조비용이 연간 약 600억 원 안팎으로 절감되는 효과가 있는 것으로 추정했다.

이런 분석과 더불어 최근 독특한 생김새로 인기를 얻고 있는 멕시코 도롱뇽이 멕시코에서 지폐 모델 데뷔를 앞두고 있다는 소식을 접했다. 지폐 교체 작업을 이어가고 있는 멕시코 중앙은행은 2022년 나올 새 50페소(약 3,200원) 지폐에 '아홀로틀'로 불리는 이 멕시코 도롱뇽 모습을 넣을 예정이라고 한다. 현재 50페소 지폐 앞면엔 멕시코 독립전쟁에서 활약한 호세 마리아 모렐로스가, 뒷면엔 모렐리아 수도교가 담겼는데, 새 지폐 앞엔 테노치티틀란 유적, 뒷면엔 멕시코 도롱뇽과 이들이 서식하는 소치밀코 호수가 들어갈 것으로 예상되고 있다. 양서류로는 흔치 않게 지폐 모델이 되는 영광을 누리고 있지만, 멕시코 도롱뇽의 처지는 그리 좋지 않다. 점박이 도롱뇽과의 일종인 멕시코 도롱뇽은 생김새가 독특한 데다 번식력과 신체 재생 능력이 뛰어나 실험실에서 널리 쓰이고, 애완동물로 거래되기도 한다. 그러나 야생에서는 심각한 멸종 위기에 놓여 있다. 이런 생존 처지와 보존 노력이 화폐 도안 변경 사유가 되고 있는 것 같다.

여기에서는 보훈과 화폐, 그중에서도 도안에 포함되는 인물에 대해 생각해 보고자 한다. 화폐는 온 국민이 일상생활에서 항상 사용하는 공공재이므로, 화폐 도안을 결정할 때에는 예술적 측면 이 외에도 국민들과의 공감대를 형성해야 하는 사회적 측면도 고려되어야 한다. 그래서 화폐 도안 소재로는 일반적으로 국민들로부터 추앙받는 인물과 그 나라의 문화적 자긍심을 느끼게할 수 있는 문화재, 사적(史蹟) 등을 채택하는 경우가 많다. 특히과거 외세의 침략을 받았거나 식민 통치를 경험한 많은 나라에서는 자국의 독립과 해방을 위하여 외세와 투쟁한 민족 지도자들을 화폐 도안 소재로 채택하고 있다. 인도의 경우 '무저항', '불복종', '비협력주의'를 내세운 독립운동 끝에 1947년 영국의 지배에서 조국을 해방시킨 간디의 초상을 화폐 앞면 도안에 공통적으로 사용하고 있으며, 중국에서도 최고액권인 100위안(元)권에서부터 50위안, 20위안, 10위안권까지 공통적으로 모두 독립운동과 신중국 건설 과정의 지도자인 마오쩌둥(毛澤東) 초상이 들어 있다. 필리핀도 5페소화 앞면에 1898년 식민 지배국인 스페

인에 저항하여 독립을 선언한 에밀리오 아귀날도의 초상을, 뒷면에는 독립선언식 장면을 사용하고 있다. 이 외에도 미국(프랭클린, 해밀턴, 제퍼슨, 워싱턴), 터키(케말 파샤), 베트남(호치민) 등 많은 국가에서 외세에 저항한 민족 지도자들을 화폐 도안으로 채택하고 있다.

5만 원권과 화폐 도안 과정의 재음미

이런 일반론과 외국 사례를 보더라도 화폐 초상 인물은 당연히 우리 국민들이 자랑스럽게 여기는 민족 지도자 중에서 나와야 한다. 고액권 도입 당시 한국은행은 화폐 도안자문위원회에서 결정한 후보인물 10명을 국민들에게 공개하고, 의견을 접수받는 등 일련의 과정을 거쳤다. 이를 통해 고액권 도안 인물로 십만 원권에는 백범 김구, 오만 원권에는 신사임당을 각각 선정하였다. 백범 김구는 독립애국지사, 신사임당은 여성·문화예술인으로서의 대표적 상징성이 있다는 해설도 덧붙였다. 이런 과정은 백범 김구는 한국인들이 사랑하는 민족영웅임을 다시 한번 확인하는 계기가 되기도 했다. 그러나 인플레이션 우려, 뇌물로 인한 부정부패 조장 등의 우려로 십만원권 발행은 무산되고,

오만원권만 세상에 나왔다.

2020년은 광복 75주년과 대한민국 정부수립 101년이 되는 해였다. 비록 현재 세계적인 코로나19 펜데믹으로 얼마간 위축되어 있기는 하지만, 우리가 산업 근대화를 이루고 민주화 노력과 자유경제체제를 통해 세계 10위권의 경제대국으로 우뚝 서 있는 것은 부정할 수 없다. 그러나 20세기 초 냉엄한 국제정세 속에서 우리 민족은 일본에게 국권을 빼앗기고 더할 수 없는 시련을 감수해야만 했던 아픈 시절이 있었다. 이 민족 시련기에 수많은 애국선열들은 어떠한 무력과 탄압 속에서도 굴하지 않고 민족의 자존을 지켜 냈다. 독립운동의 양상도 다양하여, 의병투쟁과 애국계몽운동, 3·1독립운동, 그리고 독립군과 광복군의 활동이 있었다. 또한 대한민국 임시정부를 수립하여 많은 어려움 속에서도 27년 동안 독립운동을 이끌어 왔다. 임시정부의 자주독립과 민주공화정신은 우리 대한민국의 건국정신으로 계승되어 지금도 우리 겨레의 민족적 자부심의 원천이 되고 있다. 이러한 과정에 백범 김구가 우뚝 그 자리를 지켜왔다. 백범 김구는 이에 그치지 않고 광복 이후에는 남한만의 단독선거로 조국분단이 고착화될 것을 염려하여 남북협상을 시도하는 등 완전한 통일국가 건설을 위해 부단히 노력했다. 또 '나는 우리나라가 세계에서 가장 아름다운 나라가 되기를 원한다. 가장 부강한 나라가 되기를 원하는 것은 아니다'라며, 문화의 힘을 중시하는 문화국가론을 폈다.

지갑 속에도 살아 있는 보훈이 되기를

이제 우리 사회는 산업화와 민주화를 넘어 선진 일류국가를 향해 나아가고 있다. 그러나 우리 민족은 아직도 남북이 분단된 채 살아가고 있으며, 선진 일류국가가 되기 위해서는 먼저 명실상부한 문화국가가 되어야 한다는 과제가 기다리고 있다. 이런 상황 속에서 보훈은 국민통합에 기여하는 정신적·사회적 기반으로서, 일류국가로 나아가는 토대가 된다. 이러한 의의에서 백범 김구를 화폐 도안 인물로 선정함으로써 대한민국 독립지사에 대한 존경을 표하고 애국심을 고취할 수 있으며, 뛰어난 실천력과 포용력을 갖추고 통일의 길을 모색한 지도자로서 청소년을 포함한 국민에게 미래의 바람직한 인물상(人物像)을 제시하는 등의 효과가 기대된다고 한 당시 한국은행의 고액권 도안 인물 선정에 대한 부연설명은 국가보훈처가 할 말을 대신 말해 주는 듯해 고맙게 느껴졌다. 또 이런 깊은 뜻이라면 지폐 앞에 '한국은행' 표시와 더불어 '국가보훈처' 명칭도 함께해 달라고 매달리고 싶은 심정이었다.

현재 십만 원권 발행은 쉽지 않겠지만 앞으로 경우에 따라 사정은 달라질 수 있다. 막상 발행되고 나면 큰돈이라 함부로 못 쓸 수도 있겠지 싶다. 그러면 백범 김구 선생을 지갑 속에 잘 모셔 놓고 수시로 보면서 애국애족과 민족화합, 그리고 문화국가를 강조하던 선생의 가르침을 되새기는 기회로 삼으면 좋지 않을까 한다. 어떤 기회로든 백범을 비롯한 국가유공자들의 유지를 본받아 이를 생활 속에 실천할 수 있다면 이것이 바로 선진국으로의 도약의 계기가 될 수 있다고 희망해 본다. 지갑 속에도 보훈이 살아 있는 때가 오기를 기대한다.

보훈행위와 보훈대상자의 유형

보훈행위의 유형

여기에는 보훈대상자의 유형을 살펴본다. 이를 위해서는 먼저 보훈대상자로 지정되는 행위에 대한 이해가 필요하다. 그래서 보훈대상자의 행위는 어떤 성격을 띠고 있고, 어떤 유형으로 나누어 볼 수 있는지 살펴본다. 보훈은 희생과 공헌의 정도 그리고 그러한 행위의 의무성과 자발성 여부에 따라 보훈대상자 행위를 구분해 볼 수 있다. 보훈대상자의 공헌을 이해하기 위한 한 방편으로 여기에서는 보훈대상자의 행위 유형을 살펴보겠다.

보훈대상자의 행위 성격 유형은 편의상 다음과 같이 4개 유형으로 나누어 볼 수 있다. 첫째, 희생과 의무성(I 유형)이다. 이 유형은 보훈대상자의 희생과 공헌이 주로 국가의 강제나 의무 부여에 기인하므로 그 희생에 대한 국가 책임이 강하다. 그래서 그에 대한 보상은 일종의 희생보상청구권적 성격을 띤다고 하겠다. 다음으로 볼 수 있는 유형은 희생과 자발성(II유형)이다. 이 유형은 보훈대상자의 희생과 공헌이 국가의 강제력은 없지만 그 희생이 주로 국가의 존속과 발전 등 공익에 기여함으로 발생하는 것이다. 그래서 이 유형에 대한 보상은 그 희생에 대해 국가 책임의 일정 부분을 인정할 수 있겠다. 다음으로 공헌과 자발성(III유형)이다. 의무가 존재하지 않은 상태에서의 공헌이므로 높게 평가할 정당성이 있다. 이들 행위로 인해 기회비용이 상실된 점에서 보상의 근거가 될 수 있다고 하겠다. 마지막으로 공헌과 의무성(IV유형)이다. 이 유형은 원인 행위가 헌법적 또는 직무상 의무에 해당하는 경우이다. 이 유형의 보상은 예우 차원이 되어야 한다. 보훈대상자 행위 성격 유형을 정리해서 제시하면 다음과 같다.

〈보훈대상자 행위성격 유형〉

유형	지표	보상의 대상	보상의 성격
I	희생과 의무성	희생(Sacrifice)	보상(대가) (Compensation)
II	희생과 자발성	손해(damage)	
III	공헌과 자발성	자발적 의지(Voluntary Will)	예우(감사) (Reward)
IV	공헌과 의무성	일정조건(Condition)	

출처: 형시영(2019), 27

이러한 보훈의 행위 성격 유형에 따라 보훈대상을 다시 구분하면 다음과 같다. 행위 성격에 따른 보훈대상 구분은 크게 국가수호영역(국가성)과 사회발전영역(공익성)으로 나누어 볼 수 있고, 의무성과 자발성, 공헌과 희생으로 편의상 나누어 살펴볼 수 있겠다. 이런 기준에 따른 구체적인 보훈대상자 구분은 그림과 같다.

〈행위성격에 따른 보훈대상 구분〉

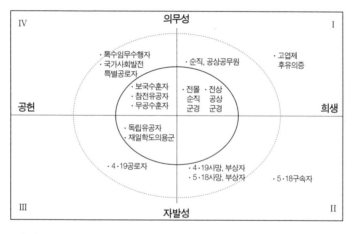

출처: 형시영(2019), 28

보훈대상자 유형

보훈행정 대상은 크게 독립유공자, 국가 수호유공자, 민주유공자 등으로 구분된다. 이를 좀 더 세분하면 보훈법률상 대상 요건은 8개 법률, 33개 유형으로 구분할 수 있다.

먼저 독립유공자 유형이다. 독립유공자는 순국선열과 애국지사로 다시 구분해 볼 수 있다.

- 순국선열 : 일제의 국권침탈(1895년) 전후로부터 1945년 8월 14일까지 국내외에서 일제의 국권침탈을 반대하거나 독립운동을 하기 위하여 항거하다가 그로 인하여 순국한 분으로서 그 공로로 건국훈장·건국포장 또는 대통령표창을 받은 분

- 애국지사 : 일제의 국권침탈 전후로부터 1945년 8월 14일까지 국내외에서 일제의 국권침탈을 반대하거나 독립운동을 하기 위하여 항거한 사실이 있는 분으로서 그 공로로 건국훈장·건국포장 또는 대통령표창을 받은 분

다음은 국가 수호유공자 유형이다. 이 유형의 세부 유형 설명은 다음과 같다.

- 전몰군경 : 군인이나 경찰 공무원으로서 전투 또는 이에 준하

는 직무수행 중 상이를 입고 사망하신 분

　- 전상군경 : 군인이나 경찰 공무원으로서 전투 또는 이에 준하는 직무수행 중 상이를 입고 전역하거나 퇴직하신 분으로서 상이등급 판정을 받은 분

　- 순직군경 : 군인이나 경찰·소방 공무원으로서 국가의 수호·안전보장 또는 국민의 생명·재산 보호와 직접적인 관련이 있는 직무수행이나 교육훈련 중 사망하신 분

　- 공상군경 : 군인이나 경찰·소방 공무원으로서 국가의 수호·안전보장 또는 국민의 생명·재산 보호와 직접적인 관련이 있는 직무수행이나 교육훈련 중 상이를 입고 전역하거나 퇴직하신 분으로서 상이등급 판정을 받은 분

　- 무공수훈자 : 무공훈장(태극, 을지, 충무. 화랑, 인헌, 무공훈장)을 받으신 분(공무원 또는 군인 등은 전역 또는 퇴직하신 분만 해당)

　- 보국수훈자 : 보국훈장(통일장, 국선장, 천수장, 삼일장, 광복장)을 받으신 분

　- 6·25참전 재일학도 의용군인 : 대한민국 국민으로서 일본국에 거주하던 분으로 1950년 6월 25일부터 1953년 7월 27일까지의 사이에 국군 또는 국제연합군에 지원 입대하여 6·25전쟁에 참전하고 제대된 분

- 참전유공자 : 6·25전쟁, 월남전 등의 전투에 참전하고 전역된 군인

- 순직공무원 : 공무원으로서 국민의 생명·재산보호와 직접적인 관련이 있는 직무수행이나 교육훈련 중 사망하신 분

- 공상공무원 : 공무원으로서 국민의 생명·재산보호와 직접적인 관련이 있는 직무수행이나 교육훈련 중 상이를 입고 퇴직한 분으로 신체의 장애를 입은 것으로 상이등급 판정을 받은 분

- 국가사회발전 특별공로 순직자·상이자 및 공로자 : 국가사회발전에 현저한 공이 있으신 분 중 그 공로와 관련되어 순직하신 분이거나 상이를 입으신 분

- 6·18자유상이자에 대한 준용 : 북한의 군인 또는 군무원으로서 1950년 6월 25일부터 1953년 7월 23일까지의 사이에 국군 또는 국제연합군에 포로가 되신 분으로 일정 요건에 해당되는 분에 대하여는 위 공상군경에 준하는 보상

- 지원대상자 : 국가유공자의 요건에 해당하는 분으로서 그 요건에서 정한 사망 또는 상이를 입으신 분 중 불가피한 사유 없이 본인의 과실이나 본인의 과실이 경합된 사유로 사망 또는 상이를 입고 상이등급 판정을 받은 분

- 보훈보상대상자 : 군인이나 경찰·소방 등 공무원으로서 국가

의 수호·안전보장 또는 국민의 생명·재산 보호와 직접적인 관련이 없는 직무수행이나 교육훈련 중 사망한 사람 또는 상이를 입고 상이등급 판정을 받은 분

- 고엽제 후유(의)증 : 1964년 7월 18일부터 1973년 3월 23일 사이에 월남전에 참전하여 고엽제 살포지역에서 군인이나 군무원으로서 복무하고 전역·퇴직하신 분 중 고엽제에 해당하는 질병이 있으신 분과 이들 자녀 중 해당하는 질병이 있으신 분

- 특수임무유공자 : 특수임무수행 또는 이와 관련한 교육훈련으로 인하여 사망한 자 또는 행방불명으로 확인된 분, 부상을 입거나 질병을 앓은 자로서 상이등급에 해당하는 것으로 판정을 받은 분, 특수임무 수행 또는 이와 관련한 교육훈련을 받은 분

- 중·장기복무제대군인

■ 장기복무제대군인 : 10년 이상 현역으로 복무하고 장교, 준사관 또는 부사관으로 전역한 분

■ 중기복무제대군인 : 5년 이상 10년 미만 현역으로 복무하고 장교, 준사관 또는 부사관으로 전역한 분

마지막으로 민주유공자 유형이다. 이에 해당하는 세부 유형을 보면 다음과 같다.

- 4·19혁명 사망자 : 1960년 4월 19일을 전후한 혁명에 참가하

여 사망하신 분

- 4·19혁명 부상자 : 1960년 4월 19일을 전후한 혁명에 참가하
여 상이를 입은 분으로 상이등급에 해당하는 신체의 장애를 입
은 것으로 판정된 분

- 4·19혁명 공로자 : 1960년 4월 19일을 전후한 혁명에 참가하
신 분 중 4·19혁명 사망자 및 4·19혁명 부상자에 해당하지 아니
한 분으로 건국포장을 받은 분

- 5·18민주유공자 : 5·18민주화운동 당시 사망하신 분 또는 행
방불명되신 분, 부상당하신 분

〈보훈대상자 유형〉

법률	적용대상
독립유공자 예우에 관한 법률(2)	1. 순국선열 2. 애국지사
국가유공자 등 예우 및 지원에 관한 법률(16)	3. 전몰군경 4. 전상군경 5. 순직군경 6. 공상군경 7. 무공수훈자 8. 보국수훈자 9. 625참전 재일학도의용군인 10. 참전유공자(명칭만 부여)
	11. 4·19혁명사망자 12. 4·19혁명부상자 13. 4·19혁명공로자 14. 순직공무원 15. 공상공무원 16. 국가사회발전특별공로순직자 17. 국가사회발전특별공로상이자 18. 국가사회발전특별공로자

고엽제후유의증 등 환자 지원 및 단체 설립에 관한 법률(3)	19. 후유증(18개 질병)환자 ※후유증환자로 등급판정자는 전공상군경으로 예우 20. 후유의증(19개 질병)환자 21. 후유증 2세 환자(3개 질병)
참전유공자 예우 및 단체설립에 관한 법률(1)	22. 참전유공자(625, 월남전) ※ 6.25 및 월남전쟁 참전유공자는 국가유공자로 격 상('08.9.29, '11.6.30)
518민주유공자예우에 관한 법률(3)	23. 5·18민주화운동사망자(행방불명자) 24. 5·18민주화운동부상자 25. 그 밖의 5·18민주화운동희생자
제대군인지원에 관한 법률(1)	26. 제대군인, 장기복무제대군인(10년 이상), 중기복 무제대군인(5년나라사랑 정신10년)
특수임무유공자 예우 및 단체설립에 관한 법률(3)	27. 특수임무사망자·행방불명자 28. 특수임무부상자 29. 특수임무공로자
보훈보상대상자 지원에 관한 법률(4)	30. 재해사망군경 31. 재해부상군경 32. 재해사망 공무원 33. 재해부상공무원

출처: 형시영(2019), 32

우리 사회의 보훈대상의 특징은 조국독립, 국가 수호, 민주발전 관련자 등 다양한 계층이 혼재되어 있으며, 신분(민간인, 공무원 등)과 대상행위도 공헌·희생 등으로 다양하게 구분되어 있다는 점이다. 또한 최근 보훈대상자 지정과 관련하여 눈에 띄는 사례는 국가사회발전 특별공로자 유형이다. 이와 관련한 내용을 보면, 2019년 2월 설 명절 응급의료 공백을 막기 위해 퇴근도 미루고 일하다 과로로 숨진 윤한덕 중앙응급의료센터장이 국가유공자로 지정되었다. 민간인이 국가유공자로 지정되는 건 1983년

미얀마 아웅산 테러 사건 당시 숨진 민병석 대통령 주치의와 이중현 동아일보 사진기자 이후 처음이다. 윤 센터장을 국가유공자로 지정하는 안이 국가보훈처 보훈심사위원회를 통과했고, 국무회의에서 의결됐다. 이로써 윤 센터장은 「국가유공자 등 예우 및 지원에 관한 법률」에 명시된 국가사회발전 특별공로자로 인정된 것이다. 윤 센터장은 2002년부터 중앙응급의료센터를 이끌며 응급의료전용헬기(닥터헬기) 도입, 권역외상센터 출범, 국가응급의료진료망(NEDIS) 구축 등 국내 응급의료체계 개선에 기여했다. 윤 센터장이 숨진 뒤 그를 국가유공자로 지정해야 한다는 의견이 있었지만 그동안 주무부처인 국가보훈처는 신중한 입장을 유지했다. 일반적으로 국가유공자는 전·공상군경이나 참전유공자, 순직공무원 등이 대상이다. 민간인은 국가사회발전 특별공로자로 인정돼야 하는데, 그 기준이 모호했기 때문이다. 자칫 국가유공자 대상자가 크게 늘어날 수 있다는 우려도 있었다. 하지만 응급의료 발전에 헌신적으로 이바지해 국가와 사회발전에 뚜렷한 공로가 있다는 사회적 인정이 이를 가능하게 했다. 이처럼 보훈대상자 유형은 사회발전에 따라 그 내용이 변화되고 있음을 알 수 있다.

보훈대상자 유형과 관련하여 참고로 외국의 경우를 보면, 외국의 보훈대상은 각국의 고유한 역사적 배경과 환경에 따라 상이한 대상을 포괄하고 있으나 주로 전·공·사상 군인을 핵심대상으로 하고 있다. 특징적인 것은 영국, 프랑스, 독일은 민간인 전쟁 희생자를 포함하고 있는 점도 주목할 만하다. 반면 우리나라의 경우는 다른 나라에서는 찾아볼 수 없는 특징으로 독립, 호국, 민주 발전 과정이 복합적으로 존재한 근대사를 반영하여 다양한 유형의 보훈대상 혼재되어 있는 점을 들 수 있다.

〈외국의 보훈대상〉

구 분	임무수행						민간인			
	군인				경찰	공무원				
	전쟁사상	평시사상	참전군인	제대군인	순직공상	순직공상	독립운동	민주운동	폭력희생	전쟁희생
미 국	──	──	──	──						
영 국	──	──	──	──						──
캐나다	──	──	──	──						
호 주	──	──	──	──						
프랑스	──	──	──	──			──			
독 일	──	──	──	──					──	
러시아	──	──	──	──						──

구분	임무수행						민간인			
	군인				경찰	공무원				
	전쟁 사상	평시 사상	참전 군인	제대 군인	순직 공상	순직 공상	독립 운동	민주 운동	폭력 희생	전쟁 희생
일 본										
중 국										
대 만										
이스라엘										
한 국										

출처: 형시영(2019), 33

보훈의 더 나은 방향

보훈정책은 다행이 꾸준히 발전하고 있다. 이번 정부를 포함하여 이전 정부들도 다양한 분야에서 대한민국을 있게 한 희생과 공헌을 '애국'의 이름으로 존중하는 일관된 입장을 유지해 왔다. 보훈이 국민통합을 이루고 강한 국가로 가는 길임을 공통적으로 이해하고 있다는 의미이다. 이런 인식의 연속선상에서 이번 정부는 국가보훈처를 장관급 기구로 승격하고 독립유공자와 참전유공자에 대한 예우 수준의 개선을 추진하고 있다. 보훈의 위상과 상징성을 바로잡는 것으로부터 시작된 것은 보훈의 원칙에 부합하는 바람직한 변화라고 본다.

국가보훈처가 표방해 온 '따뜻한 보훈'이나 '든든한 보훈' 역시 그 같은 기조와 다르지 않다. 그것은 국가를 위해 희생한 사람들을 빠짐없이 찾아내어 정당한 보상을 실현하고 생활여건에 부합한 세심하고 충실한 예우 시책을 통해 삶의 질을 높이겠다는 의지의 표현으로 보인다. 하나의 예로 보훈 예산은 전년에 비해 계속 증액, 편성되고 있다. 독립유공자와 유족, 6·25 및 베트남 참전유공자에 대한 예우 수준을 대폭적으로 개선하는 내용을 담고 있는 이런 예산안들은 그 같은 정책기조를 분명하게 보여주는 것이라 할 수 있다.

앞으로 보훈정책은 국민의 결속과 통합에 기여하는 적극적 역할을 할 수 있어야 한다. 이를 위해서는 첫째, 보훈정책 추진 역량을 높여야 한다. 무엇보다 중요한 것은 제대로 된 연구·개발 체계를 구축하는 일이다. 둘째, 국가유공자를 찾아서 예우하고 보상의 수준을 국가 발전과 사회정의에 부합하는 수준으로 높여야 한다. 셋째, 고령의 국가유공자와 유족을 위한 촘촘하고도 세심한 복지 서비스가 제공되어야 한다. 넷째, 기억의 보존과 공훈 선양을 위한 연구, 교육 등이 더 체계적으로 이루어져야 한다. 그렇게 함으로써 독립, 호국, 민주 등 다양한 가치를 조화롭게 담아낼 수 있어야 한다.

보훈정책의 본질은 국가를 위해 헌신한 사람들이 한 사람도 누락됨이 없이 그의 희생과 공헌에 합당한 보상을 받으며, 다른 국민에 앞선 특별한 예우를 받도록 하는 데 있다. 아래에서는 국가유공자와 유족에 대한 보상과 예우의 증진을 위해 더 나은 보훈의 방향으로 고려되어야 할 것들에 대해 살펴본다.

더 적극적인 보훈제도의 실현

더 나은 보훈의 방향과 관련하여 먼저 찾아서 예우하는 시스템으로의 전환이 필요하다. 국가유공자를 끝까지 찾아내어 예우하는 일, 국가를 위해 희생하고도 보훈에서 누락되는 억울한 사람이 생기지 않도록 하는 일이야말로 가장 중요한 책무이다. 그것은 국가의 '도덕적 책임'을 다하는 일이다. 여기에는 두 가지 정책적 변화가 필요하다. 하나는 정부 주도의 발굴 시스템을 구축하는 일이다. 다른 하나는 심사 과정에서 선진국과 같이 신청인에게 유리한 원칙을 적용하는 방안이다.

국가의 보답은 거래의 대상이 아니며 의심스러울 경우에는 당사자의 이익이 되도록 해야 한다는 원칙(Benefit of Doubt)이 있다. 이 원칙은 프랑스 보훈법과 호주 제대군인권리보장법에 명시적으로 채택되어 있으며, 그 밖의 국가에서도 관례에 의해 그 같은 원칙이 적용되고 있다. 우리나라도 정부의 발굴 및 입증 책임을 강화함으로써 국가를 위해 희생했거나 공헌한 사람을 찾아서 예우하는 방식으로 발전시켜 나갈 필요가 있다.

찾아서 예우하는 시스템은 특히 독립영역에서 상대적으로 더욱 요구된다. 범정부 차원의 독립유공자 발굴, 포상이 더 확대되어야 한다는 의미이다. 의병, 독립군, 3·1운동, 임시정부, 사회문화운동 등으로 이어진 독립운동사는 아직 발굴되지 않은 부분이 많다. 독립운동 참가자는 3·1운동을 포함하면 수백만 명에 달한다. 한민족독립운동자료집에 등장하는 인물만 하더라도 4만여 명이 넘는다. 그 가운데 독립유공자로서 포상을 받은 인원은 2019년 12월 현재 15,825명에 그치고 있다. 전문 연구 인력을 보강하고 국내외 사료소장기관 협력 체계를 구축함으로써 대대적인 발굴과 포상이 이루어질 수 있도록 해야 한다. 아울러 포상 기준을 재검토하고 기준 미달로 불가피하게 제외된 독립운동 참가자에 대한 명예 선양 방안을 강구할 필요가 있다. 독립운동 참가자 명부를 작성하여 국가기록물로 헌정하는 방법이 고려될 수 있다.

더 적극적인 보훈제도 실현과 관련하여 보훈정책 추진 방향을 제시해 보면, 입증 능력이 우월한 국가의 적극적인 역할과 폭넓은 책임을 강조하여 국가가 먼저 책임지는 등록·보상체계를 정립하고, 특별한 희생에 맞게 생전부터 사후까지 일반복지보다 한층 더 높은 보훈가족의 영예로운 삶과 사회적 예우 보장을 실시하는 것이 될 것이다. 이와 관련하여 2020년 국가보훈처는 '든든한 보훈'을 새로운 브랜드로 삼아 이런 방향의 보훈정책을 추진하겠다는 의지를 보이고 있다.

공정한 보상체계와 적합한 복지 서비스 개발

더 나은 보훈을 위하여 다음으로 보상체계의 공정성 제고와 적합한 복지 서비스 확충이 필요하다. 먼저 사회정의에 부합하는 보상체계로의 발전과 관련하여 보면, 국가유공자 보상은 민간의 피해 보상과 형평성이 유지되어야 한다. 영국은 전쟁희생자에 대한 보상이 민간의 재해보상보다 우대돼야 한다는 원칙이 확고하게 뿌리내려 있다. 국가유공자 보상이 민간 보상에 미치지 못한다는 인식이 존재하는 한 보훈은 성공하기 어렵다는 점을 지적하지 않을 수 없다. 이 부분은 '보훈의 원칙' 가운데 '부채의 청산'과 관련이 있다.

국가유공자와 유족에게 지급하는 보훈급여금의 지급 수준을 향상시키고, 민원의 대상이 되고 있는 일부 불합리한 제도를 개선함으로써 사회정의에 부합하는 보상을 실현할 수 있어야 한다. 물가, 임금, 가계비 등 준거 지표를 설정해 실질적 수준을 개선함으로써 국가유공자를 우대하고 있다는 것을 가시적으로 보여줘야 한다. 희생과 공헌의 정도에 상응한 합리적 보상체계를 수립해야 한다. 보상체계의 개선은 대상자 간의 형평성을 제고함으로써 갈등을 완화 또는 해소하는 방향으로 진행돼야 한다. 국민통합도 보훈대상 내부의 화합과 통합이 없이는 어렵다는 점에서 보상체계의 개선은 매우 중요한 과제다. 보상체계의 개편에는 합당한 절차와 명확한 논리가 뒷받침되지 않으면 성공하기 어렵다.

적합한 복지 서비스 개발과 관련하여 더욱 중요한 것은 중상이, 고령, 여성을 위한 복지 서비스의 확충이라고 할 수 있다. 국가유공자와 유족에 대한 복지 서비스를 강화하는 것은 '보훈의 원칙' 가운데 '최대 보장' 또는 '충분성'과 관련이 있다. 국가유공자로서 품위 있는 생활이 유지될 수 있어야 하고, 명예로운 것이 되어야 하기 때문이다. 국가유공자와 유족의 고령화로 복지수요는 계속 늘어나고 있다. 의료서비스는 전국 6개 보훈병원과 300여 개 위탁병원을 통해 이루어지고 있어 의료시설의 공급이나 접근성 측면에서는 크게 부족하지 않다. 이제는 서비스의 질을 끌어올리는 노력이 필요하다. 보훈요양원을 중심으로 이루어지고 있는 요양 서비스 역시 마찬가지다.

이제부터는 시설 위주의 일률적인 복지 서비스를 넘어 시설과 가정, 정부와 지역사회가 함께 협력해 서비스가 상호 연계되는 방식으로 변화해야 한다. 복지 서비스의 대상과 형태에 있어서도 보다 세심한 배려가 필요하다. 독립유공자, 중상이자, 고령자를 위한 간병, 수송, 재활체육, 여행, 재가서비스 등의 특화된 서비스를 고려해 볼 수 있다.

전쟁은 여성의 삶에 큰 영향을 주었지만 그동안의 보훈정책은 여성의 삶에 대한 고려가 부족했다. 전쟁의 고통과 후유증은 직접적인 희생자뿐만이 아니다. 남겨진 가족에게도 큰 고통이었다. 그 가운데 미망인이 있고, 중상이 국가유공자의 배우자가 있다. 그들의 삶은 고스란히 자식들과 남편을 위해 바쳐진 삶이다. 어떻게 보면 그들의 삶이 전사(순직)자보다 더 고통스럽고 황폐할 수 있다. 따라서 그들이 건강하고 보람 있는 삶을 영위할 수 있도록 하는 새로운 시각의 정책이 요구되고 있다. 그런 점에서 전사(순직)자를 대신해 가정을 책임져온 미망인과 중상이자를 뒷바라지하며 희생적 삶을 살아온 배우자에 대한 보살핌을 강화하는 정책적 배려가 필요하다.

위에서 제시한 공정한 보상체계와 적합한 복지 서비스 개발은 보훈행정의 핵심이다. 이를 위하여 국가보훈처는 문재인 정부 출범과 함께 지난 2017년부터 사람과 현장을 중심으로 촘촘한 보상과 예우를 실시한다는 의미의 정책브랜드 '따뜻한 보훈'을 정하고 다양한 정책을 실천했다. 주요정책으로는, 생활이 어려운 독립유공자 손자녀에게 생활지원금 지급, 고령의 참전유공자를 위한 진료비 감면 확대(60%→90%), 대통령 명의 근조기 증정 및 생계 곤란 시 장례비 지원, 독립유공자 심사기준 개선 및 발굴·포상 확대 등의 실적이 있다. 이런 성과를 바탕으로 더 공정한 보상체계와 적합한 복지 서비스 개발을 위한 방향으로 나아가야 한다. 우선 국가보훈처가 정책중심 부처로서 보훈가족을 책임지는 정책과 제도를 고도화해야 한다. 이와 동시에 보훈가족만을 위한 보훈에서 탈피하여, 전 국민과 함께 보훈의 가치를 미래세대로 재생산하고, 국민통합에 기여할 수 있도록 해야 한다.

보훈문화를 통한 국민통합 달성

더 나은 보훈의 방향과 관련하여 보훈문화를 통한 국민통합에 기여하는 것이 중요하다. 이를 위하여 먼저 우리 사회에 국가유공자에 대한 존경과 기억의 전승이 선행되어야 한다. 수많은 국가유공자의 희생으로 점철된 근현대사는 우리의 소중한 정신적 자신이다. 따라서 국가적 기억을 보존하고 후세에 전승함으로써 역사에 기여하기 위한 선양정책은 보훈의 핵심적 영역이라고 할 수 있다. 선양정책은 역사인식이나 정체성의 근거를 제공하는 교육적 기능이 있다. 이것은 '보훈의 원칙' 가운데 네 번째 '정신적 보답'과 관련이 있다. 보훈이 이 같은 정신적 영역으로 접근하기 위해서는 다양한 학문적 기초를 필요로 한다. 앞서 연구·개발 체계의 구축이 필요하다고 지적했던 이유도 거기에 있다. 보훈에 내재된 독립, 호국, 민주의 기억을 발굴, 보존, 홍보, 전승하기 위해서는 그 같은 연구·개발 조직의 뒷받침이 있어야 한다는 것이다. 이와 함께 사적지, 기념관, 기념물 등의 형태로 국내외에 3,300여 개소가 산재해 있는 현충시설을 체험교육의 장소로 활용하기 위한 종합적인 대책이 있어야 한다. 아울러 고령의 국가유공자가 사망함으로써 안장수요는 계속 늘어나고 있다. 이에 대비하여 국립묘지시설 확충을 통해 사망시 예우에 소홀함이 없도록 해야 한다. 이런 보훈문화의 사회적 확충을 국민통합의 효과적 계기로 삼아야 한다.

지금까지 보훈정책에 대하여 개괄적으로 살펴보았다. 국가유공자에 대한 예우는 우선적으로 국가와 국민의 관심과 배려가 있어야 함에도 불구하고 오랜 기간 우선순위에서 밀려나 많은 재정적 제약이 있었고, 그로 인해 충분한 보상이 이루어지지 못함으로써 많은 갈등과 마찰을 겪어야 했다. 국력의 신장과 함께 국가유공자에 대한 보상과 예우는 많이 나아졌다고는 하지만 아직은 충분하지 않다. 새 정부의 출범과 함께 보훈처의 장관급 기관 승격으로부터 시작된 보훈정책의 변화는 국민적 관심과 기대를 모으고 있다.

보훈은 물질적인 것뿐만 아니라 정신적인 것을 포함한다. 한 국가에서 보훈이 잘 이루어지기 위해서는 보훈 의식이 내면화돼 있어야 한다. 보훈 의식은 나를 대신하여 희생함으로써 나의 안위를 지켜준 다른 성원들에게 빚을 지고 있다는 부채의식의 다른 표현이다. 그렇기 때문에 한 나라의 보훈문화는 국민의 부채의식의 정도에 좌우될 수밖에 없다. 부채의식은 기억함에서 출발하여 공동체에 대한 애착심으로 발전한다. 보훈은 애국의 감정을 불러일으키는 무형의 사회간접자본이다. 우리나라 보훈은 근현대사의 흐름과 그 맥을 같이 하고 있다. 그렇기 때문에 국민의 애국심, 정체성, 나아가 국민통합에 중대한 영향을 미치고 있다. 보훈이 국민통합에 기여하기 위해서는 다양한 분야에서 이루어진 국가유공자의 희생과 공헌에 대한 평가와 인식을 조화롭고 통합적으로 해야 한다. 보훈에 내재된 독립, 호국, 민주의 가치는 함께 존중받아야 한다.

독립, 호국, 민주의 가치는 밝음과 대의를 지향하는 민족정기가 시대의 요구에 따라 각각 다른 빛깔로 표출된 것일뿐 다른 것이 아니라는 것을 이해할 필요가 있다. 앞서 '보훈의 원칙'으로 돌아가면 국가유공자들이 추구한 다양한 가치는 우리의 정체성 되었고, 그것을 존중하고 지키는 것은 정신적 보답에 해당한다. 보훈문화를 통한 국민통합 달성이 더 나은 보훈의 방향이자 목적이고, 보훈의 핵심적 역할이라고 하겠다.

더 나은 보훈의 방향으로 보훈문화를 통한 국민통합 달성을 제시했다. 어쩌면 이것이 앞에서 언급한 더 적극적인 보훈제도의 실현과 공정한 보상체계와 적합한 복지 서비스 개발을 통해 얻고자 하는 최종의 목적이라고 할 수 있다. 이를 달성하기 위한 방향성을 간략하게나마 언급하면, 먼저 국민과 함께하는 보훈기념사업, 맞춤형 선양교육 등을 통해 희생과 공헌의 정신을 기억·계승하는 정책의 개발이 필요하다. 그리고 안보현장에서 헌신한 제대군인을 위해 사회적 보상 강화를 추진하는 조처가 있어야 할 것이다.

4·19혁명과 민주주의

2020년은 보훈 역사에서 매우 중요한 한 해였다. 그중에서도 의미 있는 것은 1960년에 일어난 4·19혁명이 60주년이라는 점이다. 이런 의미에서 4·19혁명과 민주주의에 대해 살펴본다.

4·19혁명이 일어나게 된 직접적 계기는 이승만 정부가 주도한 1960년 3월 15일의 부정선거이다. 여당이었던 자유당은 대통령 선거, 부통령 선거에서 각각 이승만과 이기붕을 당선시키고자 하였다. 그러나 이미 대중의 지지를 잃은 자유당의 선거운동은 순조롭지 않았다. 거듭되는 부정선거 반대시위에도 불구하고, 1960년 3월 15일 예정대로 정·부통령 선거가 진행되었다. 이 과정에서 자유당은 각종 불법·부정행위를 자행하였다. 이에 전국에서 시민들의 항의가 계속되었다. 특히 야당성이 강한 마산에서 일어난 사건은 '3·15의거'는 4·19혁명의 시발점이 되었다.

이날 약 1만 명의 시민·학생이 마산시청 일대에 모여들었다. 경찰은 이들을 진압하려고 총과 최루탄을 발사했다. 이로 인해 8명이 사망하고, 70여 명이 부상을 입었으며, 200여 명이 연행되었다. 이 과정에서 고등학생 김주열의 눈에 최루탄이 관통하게 되었다. 김주열은 이후 실종되었는데, 4월 11일 마산 앞바다에서 그의 시신이 인양되었다. 얼굴에 최루탄이 관통한 김주열의 시신을 확인한 시민들은 더욱 격렬한 시위를 벌였다. 항의 시위는 전국으로 퍼져나갔다.

4월 18일 서울에서는 고려대 학생들이 시위를 시작하였다. 고려대 학생들은 국회의사당까지 행진하며 재선거 실시를 요구하였다. 이 과정에서 많은 수의 학생들이 정치깡패들의 습격을 받아 피해를 입었다. 이 소식이 전해지면서 그 다음날 대학생은 물론 고등학생, 일반 시민, 어린아이까지 시위에 합세하여 시위 인원은 10만에 육박하게 되었다. 이승만 정부는 이들을 폭력으로 진압하여 100여 명이 넘는 사망자가 발생하였다. 이승만 정부는 계엄령까지 선포하였으나 사태를 수습하지는 못했다. 이승만 대통령은 결국 4월 26일 시민들의 요구에 따라 하야성명을 발표하게 되었다. 시민의 힘으로 독재 정부를 전복한 것이다.

지금을 살아가는 우리에게 민주주의는 너무나 당연한 것이다.

60년 전만 해도 민주주의라는 것이 당시 사람들에게 익숙지 않았다. 4·19혁명이 발생하던 당시의 민주주의 관련 상황은 어떠했는지 살펴본다. 1945년 9월 미군이 남한에 진주했다. 그들은 군정을 세우고 '민주주의'라는 새로운 정치 시스템을 이식하고자 하였다. 그들은 일제강점기 때 만들어진 황국신민교육을 폐지하고, 민주주의를 교육하였다. 그러나 한국인들이 한 번도 경험해 보지 못한 민주주의 정치체제를 안착시키는 것은 쉬운 일이 아니었다. 1948년 8월 15일 대한민국 정부가 수립된 이후에도 사정은 별로 달라지지 않았다.

일반 국민들은 물론이고, 정치인들을 비롯한 사회지도층들도 대부분 일제강점기에 일본식 교육을 받았기 때문이었다. 당시 민주주의를 이해하는 이들은 극히 일부에 불과했다. 1950년 6월에 일어난 6·25는 상황을 더욱 악화시켰다. 이런 상황에서 4·19혁명으로 인해 당시 학생들을 시작으로 전 국민이 민주주의에 대해 생각해 볼 수 있는 계기가 마련됐다. 나약했던 한국 민주주의는 4·19혁명으로 그 입지를 굳건히 하게 된다. 4·19혁명은 모든 시민들이 참여하여 이룬 결과이지만, 그중심에는 젊은 학생들이 있었다. 이들은 4·19의 촉매제가 되었다. 이들은 일제강점기 군국주의 교육을 받지 않았고, 체계적으로 민주주의 교육을 받은 새로운 세대였다. 이들은 시민과 결합하여 스스로 독재를 무너뜨렸다. 해방 후 약 15년 만에 민주주의는 빛을 보게 된 것이다.

당시 학생들과 시민들은 4·19세대의 핵심이었다. 이들은 단순히 민주주의에 대한 지식을 학습한 것이 아니었다. 이들의 민주주의는 용기와 실천이 함께한 산지식이라고 할 수 있다. 4·19혁명의 결과 시민들은 스스로의 손으로 민주주의를 성취할 수 있다는 자신감을 갖게 된 것이다.

4·19혁명을 기점으로 한국의 민주주의는 본격적으로 발전할 수 있는 토대를 마련하게 된다. 그러나 4·19혁명 이후 우리 사회는 두 번의 군사 쿠데타를 겪는다. 쿠데타로 들어선 군사정권은 계엄령과 군의 무력을 이용해 시민과 민주주의를 탄압하였다. 군사정권의 진압은 무자비했지만, 4·19때 독재를 타도해 본 경험이 있는 시민과 학생은 민주주의를 지키기 위해 군사정권에 대항하였다. 그 대표적인 예가 1979년 10월 부산과 마산에서 일어난 부마민주항쟁과 1980년 광주에서 일어난 5·18민주화운동이다. 이들 민주화운동은 군사정권을 무너뜨리고, 민주주의를 발전시키는 밑거름이 되었다. 그리고 1987년 6월 민주항쟁은 전두환 정부로부터 대통령 직선제 개헌과 민주화 방안을 수용하게

하는 6·29선언을 이끌어냈다. 한국의 민주주의는 이후 지속적으로 발전해 왔다.

2020년에는 제21대 국회의원 선거가 있었다. 1960년 3·15 부정선거를 중요한 계기로 하여 발생한 4·19혁명 제60주년을 맞이하며 오늘날 우리 사회의 민주주의가 서 있는 자리를 생각해 본다. 우리 민주화운동의 역사는 다양한 계층과 지역의 힘이 합쳐 이루어낸 것이다. 지난 21대 총선에서 우리 사회의 계층과 지역의 다양성이 제대로 반영되었는지 각자의 생각이 있을 것이다. 우리 사회의 민주주의 수준이 진보하고 있지만 아직도 부족한 점도 있다고 본다. 무엇보다도 한국의 민주주의는 사회통합과 남북화합을 어떻게 이끌어 낼 것인가 하는 과제를 안고 있다. 이 과제를 푸는 능력이 우리 사회의 민주주의 결정적인 승패를 가늠하는 기준이 될 것이다. 우리는 1987년의 6월 항쟁과 2016년 겨울의 촛불혁명을 통해 우리 사회의 민주주의를 확장시켜 왔다. 통치의 대상인 국민에서 국가와 사회의 주인인 시민으로 눈부시게 성장했다. 이런 시민들의 눈높이를 살피고 보듬으며, 민주주의 심화를 위한 미래지향적인 사업을 추진해 나가야 한다. 보훈과 관련하여 보면, 국가유공자들은 우리 사회를 위하여 희생과 공헌을 한 분이다. 이 분들이 바라는 한국사회는 어떤 사회일까? 공정하고 평화롭고 민주적인 사회일 것이다. 이번 점에서 시민들의 바라는 바와 국가유공자들이 바라는 바는 다르지 않다고 본다.

대중을 위해 헌신한 사람들이 대우받는 세상을 만들어야 한다는 점에서는 별 이견이 없을 것이다. 민주주의를 위해 헌신한 사람들은 지금 잘 예우 받고 있을까 자문해 볼 수 있다. 국가유공자 보상은 민간의 피해 보상과 형평이 유지되어야 한다. 그러나 이에 더해 국가유공자에 대한 보상이 민간의 재해보상보다 우대돼야 한다는 원칙이 확고하게 뿌리내려야 한다. 국가유공자 보상이 민간 보상에 미치지 못한다는 인식이 존재하는 한 보훈은 성공하기 어렵기 때문이다. 물가, 임금, 가계비 등 준거 지표를 설정해 실질적 수준을 개선함으로써 국가유공자를 우대하고 있다는 것을 가시적으로 보여줘야 할 것이다. 이런 점에서 앞으로도 개선의 여지가 많다. 그리고 보상체계의 개편에는 합당한 절차와 명확한 논리가 뒷받침되지 않으면 안 된다는 점도 다시 강조하고 싶다.

지금 한국의 민주주의는 60년 전에 비해 비교할 수 없을 만큼 발전했다. 그러나 이것은 60년 전의 4·19혁명이 없었다면 불가능한 일이었다. 4·19혁명은 한국 민주주의 역사의 전환점이자, 60

년 민주화운동 역사의 출발점이기 때문이다. 우리가 4·19혁명을 기려야 하는 이유가 여기에 있다. 그래서 4·19혁명 60주년을 지내면서 우리는 민주주의의 열매는 거저 열리는 것이 아니라는 점을 기억하고, 열매를 맺기 위하여 희생한 사람들의 노고를 잊지 않으며, 우리 사회의 지속적인 발전을 위해 내가 할 수 있는 일을 성실히 해 나가야 한다는 점을 재삼 마음에 새겨야 할 것이다.

6·25전쟁의 이해와 의미

2020년은 6·25전쟁 70주년이고, 예순다섯 번째 현충일을 맞는 해였다. 독립과 호국은 오늘 우리가 대한민국에서 누리는 삶의 토대를 제공한 사건이다. 이렇게 나라를 지켜낸 긍지가 경제발전과 민주주의로 부활했고, 가족과 이웃을 위해 희생한 수많은 의인들을 낳고 있다. 독립·호국·민주 영령들은 각자 시대가 요구하는 애국을 실천했고, 새로운 시대정신과 역동적인 역사의 물결을 만들어냈다. 그러므로 국가유공자와 그들 유가족들에 대한 보훈은 정부의 가장 중요한 정책과제 중 하나이다. 보훈이야말로 국가의 가장 기본적인 책무일 뿐 아니라 국가를 위해 생명까지 바칠 수 있는 애국심의 원천이기 때문이다. 이런 의미에서 매년 6월 호국보훈의 달은 특히 독립·호국·민주의 역사를 일궈온 우리 국민의 저력을 가슴 깊이 새기며, 애국영령들께 다시 한

번 깊은 존경을 표하는 의미가 있다.

어느새 6·25전쟁이 일어난 지 70년이 됐다. 70세 이상인 사람들은 6·25전쟁을 직접 겪은 사람들일 것이고, 나머지 사람들은 간접적으로 혹은 교육을 통해 접했을 것이다.

이 글에서는 6·25전쟁 전개과정을 편의상 발발의 배경, 북한의 남침, 국군과 연합군의 반격, 중공군 개입과 재반격, 교착전과 휴전 등 5개 단계로 나누어 설명한다.

6·25전쟁의 배경과 전개과정, 일본 패망을 전후로 연합국 사이에는 한국을 독립시킨다는 것을 골자로 하는, 카이로, 얄타 등에서 이루어진 국제 합의가 있었다. 한반도의 북위 38도를 기준으로 북쪽에는 소련군이, 남쪽에는 미군이 일본군의 무장 해제를 담당하게 되었다. 이런 미군과 소련군의 한반도 주둔이 우리 민족에게는 분단의 출발점이 되었다. 38선을 기준으로 남북을 분할한 미국과 소련 군정에 의해 한반도는 잠정분단 상태가 된 것이다. 우리 민족의 의사에 반하는 국제정치 환경 속에서 1948년 5월 10일 남한 단독으로 유엔 감시 아래 자유총선거를 실시한다. 그리고 그해 8월 15일 대한민국 정부가 수립된다. 이에 대해 북한은 1948년 5월, 조선헌법을 선포하고 그해 9월 9일, 조선민주주의인민공화국으로 출범한다. 이런 국제환경과 남북의 정치

적 대립이 6·25전쟁이 일어난 주요 배경이 된다.

남북한 정부가 각각 수립되고, 2년 1개월 뒤에 북한이 남침을 한다. 북한의 남침에 대해서는 주로 1950년 6월 25일부터 9월 15일 사이에 있었던 상황을 중심으로 설명할 수 있다. 북한은 인민군 창설 후 소련의 지원을 받아 군사력을 증강하면서 남침을 준비한다. 1950년 6월 25일 새벽 4시, 북한군이 기습적으로 불법 남침을 감행하고, 개전 3일 만인 6월 28일, 수도 서울이 함락된다. 유엔은 사상 최초로 집단 안전보장 조치에 따라, 한국을 지원하기 위해 유엔군 파병을 결정한다. 미군 24사단 선발 부대가 최초로 한반도에 도착해, 1950년 7월 4일 평택-제천-울진을 잇는 선에서 철수하던 국군과 함께 북한군을 저지한다. 8월 초 국군과 유엔군은 마산-왜관-영덕에 이르는 낙동강 방어선을 형성해 방어 태세에 돌입하고, 낙동강 방어선에서 국군과 유엔군은 북한군 공격을 결사적으로 저지한다. 이 시기는 북한의 갑작스런 남침으로 어려움에 처한 시기이다.

다음은 국군과 연합군은 전열을 정비해 본격적인 반격을 하는 시기이다. 이 기간은 1950년 9월 15일부터 11월 25일에 해당한다. 낙동강전선 방어에 성공한 국군과 유엔군은 9월 15일, 인천 상륙작전 성공에 힘입어 반격 작전으로 전환한다. 전쟁 발발 97

일 만인 9월 28일, 수도 서울을 탈환하고, 전쟁 이전 상황을 회복하는 데 성공한다. 국군 3사단이 10월 1일, 38선을 넘어 북진을 시작하고, 뒤이어 유엔군도 북진을 개시한다. 유엔군은 10월 19일, 평양을 점령한다. 유엔군 사령관인 맥아더 장군은 10월 24일, 유엔군이 청천강 변에 도착하자 국경선까지 총추격전을 독려한다. 이후 중공군이 개입하면서 전쟁의 양상은 또다시 바뀐다.

6·25전쟁의 세 번째 국면은 중공군 개입과 재반격으로 전세가 다시 역전되는 단계이다. 이 시기는 1950년 11월 25부터 1951년 6월 23일 사이이다. 1950년 10월 25일, 유엔군이 박천-운산-온정리-희천을 잇는 선까지 진출했을 때, 중공군의 1차 공세가 시작된다. 이후 계속된 공세로 38선이 다시 돌파된다. 국군과 유엔군은 결국 1951년 1월 4일, 수도 서울을 포기하고 전략적 후퇴를 한 후 평택-삼척선까지 철수해 전열을 정비하여 1월 25일, 일제히 반격작전에 돌입한다. 전쟁의 주도권을 회복한 국군과 유엔군은 3월 15일, 서울을 재탈환하고, 3월 말 다시 38선을 회복한다.

이후부터는 정전을 준비하는 단계로 진입한다. 이 시기는 교착 상태에서 공방전을 거듭하며 휴전을 할 때까지의 시간이다. 1951년 6월 23일부터 1953년 7월 27일까지 해당하는 시기이다. 1951년 7월 10일, 미국과 소련이 휴전회담을 시작하면서 6·25전쟁은 회담 주도권을 장악하기 위한 제한전 성격의 전투로 바뀐다. 휴전협정 체결까지 양측은 수많은 고지 쟁탈전을 벌이면서, 엄청난 비용과 인명 손실을 입는다. 결국 6·25전쟁은 발발한 지 3년 1개월 만인, 1953년 7월 27일, 북한군, 중공군, 유엔군 측의 미군 대표가 휴전협정에 서명하면서 마침내 마무리된다. 당시 한국정부는 분단을 고착화하는 휴전을 인정할 수 없다고 해서 서명식에 참석하지 않았다.

그렇게 70년이 지났다. 지난 70년간 남북관계는 어떻게 흘러 왔는지 보면, 6·25전쟁 이후에도 남북관계에서는 갈등과 대결의 사례들이 많았다. 그리고 이런 갈등은 남북한 주민들에게 많은 상처와 아픔을 안겨 주었다. 예를 들어 1960년대의 무장공비 침투사건들, 1970년대의 도발과 1980년대의 아웅산 사건, KAL기 폭파사건, 1990년대 이후의 서해교전들이 그러했다. 21세기에 들어와서는 북한의 핵과 미사일 개발, 천안함 사건과 연평도 포격 도발이 있었다.

이처럼 남과 북은 오랜 분단구조 속에서 많은 갈등을 경험하였으나, 다른 한편으로 화해와 협력을 통해 분단으로 인한 분쟁과 비극을 제거하기 위해 평화를 향한 노력을 계속해 왔다. 남북 간 대화가 처음으로 시작된 것은 1970년대부터이지만 본격적인 대화 국면은 1990년대부터 시작되었다. 2000년 이후에는 정상회담을 비롯해서 총리, 장관급회담 등 여러 분야로 확대되었다. 특히나 이산가족 문제는 정치적 이념과 제도를 뛰어넘는 인권의 문제이자 인도주의적 문제이다. 더군다나 이산가족의 고령화로 가족을 마음에 품은 채 사망하는 경우가 점차 증가하고 있어 이산가족 문제 해결이 매우 절박하고 시급한 상황이다. 이런 점을 고려하여 남북은 2000년부터 2018년까지 총 스물한 차례의 이산가족 상봉행사를 실시했으며, 2005년부터는 고령화로 인한 시급성을 감안해, 새로이 화상상봉을 도입해 시행하기도 했다.

그렇다면 앞으로의 과제는 무엇일까. 2020년 6·25전쟁 발발 70주년을 맞아서, 6·25전쟁 70주년 사업추진위원회를 구성하여 다양한 국가적인 행사를 진행하였다. 어떤 행사들이 있었는지 살펴본다. 6·25전쟁 70주년을 맞아 정부는 참전용사와 국민, 22개 유엔참전국을 비롯한 국제사회와 함께, 참전용사의 희생과 헌신을 기억하고 공헌에 보답하며, 한반도 평화 정착과 번영을 이루어가는 일에 기여하는 다양한 행사를 준비했다. 이 행사의 비전은 '함께 지켜낸 70년, 함께 만들어갈 한반도 평화'이다. 목표는 '국내외 참전용사와 국민이 함께하는 사업'이다. 6·25전쟁 70주년 기념사업 키워드는 3개이다. 먼저 '기억'이다. 6·25전쟁을 잊지 않고, 보답하겠다는 의미이다. 다음은 '함께'이다. 상처를 치유하고, 포용과 화합을 이루겠다는 취지이다. 마지막 하나는 '평화'다. 6·25전쟁을 넘어서 한반도 평화 정착의 미래로 나아가겠다는 의지를 담고 있다.

이런 6·25전쟁 70주년 사업은 보훈과 관련하여 어떤 특별한 의미가 있는지 살펴보자. 6·25전쟁에는 국군 127만 명, 미군을 주축으로 하는 유엔군 190만 명 등 총 317만 명이 참전했다. 그리고 생존한 참전용사의 평균 연령은 88세에 달한다. 이 분들에게 감사의 마음을 직접 표현할 수 있는 시간은 그리 많이 남아 있지 않다는 의미이다. 6·25전쟁 70주년은 현실적으로 국내외 참전용사가 참여할 수 있는 마지막 10주기 행사라는 점에서 의미가 더 클 수밖에 없었다. 그래서 국가보훈처를 중심으로 하는 정부는, 관련 행사를 통해 참전용사의 희생과 헌신에 존경과 감사를 표하고, 평화와 번영의 한반도를 향한 미래 비전 제시에 역점을 두고 있다.

국민과 함께하는 6·25전쟁 70주년 행사로 대표인 것은 우선 8만 4,000여 명의 생존 6·25참전유공자 전원에게 존경과 감사의 마음을 담은 '은화형 메달'을 수여했다. 메달은 지방기념식과 육·해군 주관 행사, 자택 방문 등을 통해 전달되었다. 또 문화행사로는, 광화문광장에서 6월 15일부터 30일까지 6·25전쟁 70주년 설치미술 특별전, 6월부터 11월까지 인천국제공항에서 유엔 참전용사 '기억·감사·평화' 사진전, 온라인으로 '175,801, 꺼지지 않는 불꽃' 호국영웅 롤콜행사 등이 계속해서 진행되었다. 그리고 6·25참전용사들의 유해 발굴 작업도 여전히진행 중이다.

이런 기념사업과 더불어 향후 보훈과 관련해서 해 나가야 할 일들이 있다. 먼저 6·25전쟁 참여와 공훈으로 훈장 수여가 결정됐지만, 훈장과 증서를 받지 못한 5만 6천여 명의 유공자와 유가족을 찾아 무공훈장과 국가유공자 증서를 전해드리는 사업을 진행해야 한다. 유해 발굴 사업도 계속해 나가야 한다. 그리고 '참전명예수당' 등 경제적 지원을 지속적으로 확대해야 할 것이고, 의료지원도 한층 강화해 나가야 할 것이다. 마지막으로, 6·25전쟁 70주년을 보내면서 우리 시민들이 기억해야 할 것들이 있다. 6·25전쟁이 끝나고 맥아더 장군은 이 나라를 복구하는 데 최소 100년이 걸릴 거라고 했다. 그러나 우리는 정전이 되고 나서, 47년 만인 2000년에 경제협력개발기구에서 발표하는 원조국 명단에서 공식적으로 제외된다. 이는 우리나라가 이제는 원조국에서 수여국으로 전환되었다는 것을 의미한다. 세계에서 이런 사례는 우리나라가 유일하다. 당연히 자랑스럽고 기쁜 일이다. 이런 성공을 바탕으로 이제는 미완의 과제를 해결해야 하는데, 그것이 바로 통일이다. 통일은 전쟁의 공포를 없애고 한반도의 평화를 정착시키는 지름길이다. 한반도의 통일은 우리 민족 공동의 번영과 발전을 가져올 뿐만 아니라, 동아시아 전체의 발전의 계기가 될 것이다. 그러므로 보훈과 관련된 이제까지의 수많은 경험을 토대로 앞으로는 평화와 통일에도 더 적극적인 노력을 기울여야 할 것이다.

보훈과 통일

2020년은 보훈 역사에서 중요한 한 해였다. 우선 1910년 8월 29일 일제 강압 아래 대한제국의 통치권을 일본에 뺏긴 경술국치 110주년이고, 1910년 3월 26일 안중근 의사 서거 110주년, 1950년의 6·25전쟁 70주년, 1960년 발생한 4·19혁명 60주년, 1980년 5·18민주화운동 40주년이 되는 해였다.

특히 독립과 관련해서는 봉오동·청산리전투 전승 100주년을 맞아 항일 독립전쟁의 역사적 의미를 되돌아보는 계기가 되었다. 독립과 관련한 또 하나의 행사로 4월 11일 대한민국임시정부(이하 '임시정부') 수립기념일을 맞아 임시정부의 자랑스러운 역사와 독립정신을 기리는 기념식과 동시에 대한민국임시정부기념관(이하 '임시정부기념관') 기공식이 있었다. 이번에 기공한 임시정부기념관이 완공되면 임시정부의 자주정신과 민주정신을 계승하고, 새로운 백년의 희망으로 국민단합의 계기를 만들 수 있을 것으로 생각한다. 임시정부기념관은 지하 2층, 지상 4층(연면적 9,089㎡) 규모로 서울 서대문구의회 부지에 2021년 하반기까지 건립할 계획이다. 이런 행사들의 공통된 지향은 '나라를 되찾고, 지키고, 바로세운' 독립·호국·민주의 역사가 각각의 시기와 형태는 다르지만 모두가 '공동체를 위한 헌신'이라는 하나의 가치로 수렴되고 있다는 점을 선양하고 보훈한다. 2020년에 있었던 이런 다양한 보훈 기념사업들이 국민통합에 기여했다고 본다.

이처럼 2020년은 보훈 관련 주요 사건들의 주기(週期) 행사들이 있는 해이자 독일 통일 30주년이 되는 해이기도 했다. 제2차 세계대전 후의 냉전체제 아래서 연합국에 의해 강제로 분단되었던 독일이 하나의 국가로 통일되어 30년이 흘렀고, 우리는 1945년 광복과 더불어 남북이 분단된 채 75년이 흐르고 있다.

우리 보훈의 세 축이라고 할 수 있는 독립, 호국, 민주의 보훈 대상자들의 염원은 한결같이 모두 평화롭고 통일된 민주 국가를 궁극적인 목표로 한다는 점에서 현재 보훈의 최대과제는 통일조국의 건설이라 할 수 있다.

'우리가 인민이다'라는 구호로 시작된 1989년 동독의 체제변혁운동은 1990년 10월 3일 동독이 서독에 가입하는 형식을 취한 제도적 통일로 일단락을 맺었다. 독일 통일이 가시화되기 직전까지 당시 전 세계인들은 독일의 통일을 한국의 통일보다 훨씬 요원한 일로 보았다. 당시 미국·소련·영국·프랑스 네 나라가 모두 반대했기 때문이다. 그런 독일이 우리보다 빨리 통일을 달성한 이유는 무엇일까? 돌이켜 생각해 보면, 당시 독일은 통일을 외치기보다 실천을 하였고, 이러한 실천도 국민적 합의를 바탕으로 일관되게 추진하였기 때문이다. 어떤 정책이든 한쪽에 치우친 선택은 국론 분열을 가져올 수밖에 없다. 국론 분열 등 내부갈등은 통일과정에서 국외적 요인보다 더욱 힘겨운 장애 요인이 된다. 이런 취지에서 통일과 관련한 보훈의 의미를 다시금 새겨볼 필요가 있다 .

「국가보훈기본법」에서는 대한민국의 오늘은 국가를 위하여 희생하거나 공헌한 분들의 숭고한 정신 위에 이룩된 것이므로 우리와 우리의 후손들이 그 정신을 기억하고 선양하며, 이를 정신적 토대로 삼아 국민통합과 국가 발전에 기여해야 한다고 하였다. 그리고 조국의 자주독립, 국가의 수호 또는 안전보장, 대한민국 자유민주주의의 발전, 국민의 생명 또는 재산의 보호 등 공무수행을 위해 희생하거나 공헌한 사람과 그 유가족을 보훈대상자라고 정의하고 있다. 이에 따라 보훈대상에는 독립유공자와 더불어 호국유공자, 민주유공자들이 모두 포함되어 있다. 이처럼 우리나라는 보훈대상 범위를 다른 국가보다도 훨씬 넓게 인정하고 있다.

이에 대해 여러 견해가 있을 수 있겠지만 우리 사회의 오늘을 위해서 다양한 영역에서의 희생과 공헌이 있었다는 사실을 인정하면서 이러한 정신과 실천들이 모두 우리와 우리 후손들이 기억하고 선양해야 할 가치라는 공감대가 있었기 때문이라고 본다. 그리고 이런 다양한 영역에서의 희생과 공헌에 대한 국가 차원의 보훈은 결과적으로 다시 완전한 독립 국민통합, 그리고 국가 발전에 기여한다는 사실 때문일 것이다.

이렇게 완전한 독립과 국가 발전을 위한 전제 중의 하나가 바로 통일이라고 본다. 통일은 먼저 한반도에서 평화를 창출하고, 민족의 장래를 위한 상생공영의 남북관계를 만들고, 이를 통하여 궁극적으로는 평화적인 통합을 달성해야 한다. 이 과정에서 보훈이념이 하나의 나침반이 될 수 있다고 본다. 즉 분쟁의 위험성을 줄이고 상처를 치유하여 통일 기반을 넓히는 것이 평화 구조를 만드는 것이며, 이를 위해서는 통일 독일의 사례에서처럼 다양한 이념들의 평화로운 조화를 통하여 국민통합을 달성하는 것이 선결되어야 한다. 그리고 국민적 합의를 통해 도출된 정책을 일관되고 성실하게 이행하는 과정이 뒤따라야 한다. 이런 차원에서 통일과 보훈은 공유되는 이론적 영역이 있다. 무엇보다 75년간 지속되어 온 분단은 나라를 위해 희생하고 공헌한 국가유공자들의 뜻을 저버리는 잔인한 일이기도 하다. 따라서 통일은 국권 회복을 위해 항거하고, 나라를 지키기 위해 헌신하고, 민주화를 위해 희생한 국가유공자들의 숭고한 자주정신과 호국·민주정신을 현재의 후손들이 완성하는 길이기도 하다.

이렇듯 통일은 달성하기까지 언제나 중요한 문제이다. 그러나 통일의 시기와 방법을 쉽게 예측할 수는 없다. 다만 우리는 분단국가에 살고 있으며 분단으로 인해 발생하는 크고 작은 문제는 궁극적으로 통일을 통해서만 해결될 수 있다는 점에서 다양한 통일 시나리오를 설정하고 각각에 대해 철저히 준비할 필요가 있다. 이를 위해 정부는 올바른 통일정책을 수립하고 집행해야 하며, 국민의 의견을 수렴하기 위해 노력해야 한다. 또 국민들은 올바른 통일관을 배양하고 정부의 통일정책에 대해서는 건설적 비판과 협조를 병행하여야 한다. 그러나 무엇보다도 평화통일의 실질적 기반을 구축하고 통일한국의 미래비전을 달성하기 위해서는 정부와 국민 간 일체감 형성이 우선되어야 한다. 이렇듯 우리 국민들에게 남북관계 및 통일에 대한 관심과 올바른 인식을 확산시키기 위한 노력은 보훈 영역에서도 중요하다고 할 수 있다. 국가공동체를 위한 공헌과 희생정신을 국민의 나라사랑 정신으로 이어지게 하는 보훈이 통일이라는 우리 사회 과제에 대해 더 적극적으로 나서야 하는 것은 논리적으로 당연한 귀결이다.

이제는 관광 유물로 기억되는 베를린 장벽에는 '모든 장벽은 언젠가는 결국 무너진다'는 글이 있다. 우리는 너무 오랫동안 장벽에 갇혀 지내고 있다. 통일이 국민통합을 통해 단합된 한 국가로 재탄생하는 것이라면, 보훈은 국민통합을 이루고 강한 국가로 가는 길을 제시하는 영역이다. 우리 사회가 갈 길을 몸소 보여준 국가유공자들의 유지를 받들어 보훈이 앞장서 장벽을 무너뜨리는 일에 나서야 하는 까닭이다.

현충시설의 의미와 관리 필요성

보훈의 본질은 국가를 위해 희생하거나 공헌한 사람들에 대한 보답이다. 보훈정책은 우리의 오늘이 있기까지 수많은 국가유공자들의 희생이 있었기 때문이라는 것을 인정하고, 그에 대한 보답은 국가와 국민의 기본적 책무라는 인식에 기초해 있다. 보훈은 나라를 위한 헌신이 명예롭고 존중받는다는 확고한 믿음을 가지게 함으로써 국가공동체의 영속적 발전을 위한 정신적 가치를 확산하는 중요한 역할을 한다.

국가유공자의 공헌과 희생으로 점철된 역사는 우리 사회의 소중한 역사적 자산이다. 따라서 이런 민족사적 기억을 보존하고 후세에 전승함으로써 사회 발전에 기여하기 위한 보훈의 핵심적 기능 중 하나로 역사인식이나 정체성의 근거를 제공하는 선양정책이 있다. 보훈에 내재된 독립, 호국, 민주의 기억을 발굴, 보존,

전승하고, 이를 국가와 사회발전에 효율적으로 활용하게 한다면 그 나라의 미래는 밝을 것이다. 이런 의미에서 선양정책은 자기가 속해 있는 국가를 사랑하고 이 사랑을 바탕으로 국가에 대하여 충성·헌신하려는 의식이나 신념을 고양하여 확산시키는 것을 말한다.

선양정책의 소재가 될 수 있는 것은 인적, 물적 또는 무형적, 유형적 형태를 막론하고 한 민족이나 국가가 경험한 사실이나 가치들이라고 할 수 있다. 그리고 선양정책의 수단은 이들 소재를 활용하는 방법을 의미한다. 선양정책의 구체적 방안을 보면, 먼저 상징적 언어를 활용하는 방안이다. 두 번째는 역사적 자료를 편찬하거나 보존하며 전승하는 것이다. 세 번째는 의식이나 의례적 방법으로 기념일을 제정하고 기념행사를 갖는 것이다. 네 번째는 선열들의 유해를 발굴·안장하고 그들의 묘지를 국가 성역으로 관리하는 것이다. 다섯 번째는 교육 및 홍보 프로그램을 활용하는 것이다. 여섯 번째는 역사적 사건과 관련이 있는 장소를 보존·관리하는 것이다. 마지막으로는 기념시설물을 건립하여 활용하는 것이다. 이 중에서 여섯 번째와 마지막으로 거론한 방안이 현충시설과 관련되는 선양정책의 수단이라고 하겠다.

현충시설은 국가유공자 또는 이들의 공훈과 희생정신을 기리기 위한 건축물·조형물·사적지 또는 국가유공자의 공헌이나 희생이 있었던 일정한 구역 등으로서 국민의 애국심을 기르는 데에 상당한 가치가 있다고 인정되는 것이다. 그리고 현충시설은 독립운동 관련 시설과 국가 수호 관련 시설로 구분할 수 있다. 이러한 현충시설로는 독립운동이나 국가 수호와 관련된 각종 기념비, 기념탑, 기념관, 전시관, 사당, 생가 등이 있다. 현충시설 관련 발전 과정을 살펴보면, 먼저 초창기(1995~2001)에는 1995년 광복 50주년을 맞이하여 순국선열 및 애국지사에 대한 기념물 설치 요구가 광복회 등 관련 단체로부터 접수되어 공적비 설치 지원을 시작하게 되었다. 그리고 2001년에는 참전시설에 대한 지원을 시작하게 되어 업무 영역이 독립운동에서 국가 수호 분야까지 확대되었다. 다음으로 법 규정 제정 시기(2002~2005)에는, 그동안 관련법의 근거 없이 순국선열·애국지사사업기금에서 지원하는 것에 한계를 느끼게 되어 2002년 1월 현충시설에 대한 용어·개념을 정립하고 관리자 및 현충시설의 지정과 해제 등을 명시하는 내용으로 「국가유공자 등 예우 및 지원에 관한 법률」을 개정, 현충시설의 장(제8장의2)을 신설하였다. 이 같은 법률 조항을 신설함에 따라 2002년 3월 하위 규정도 마련하여 대통령령인 「현충시설의 지정·관리 등에 관한 규정」과 총리령인 「현충시

설의 지정·관리 등에 관한 규정 시행규칙」을 제정하였다. 또 지
방자치단체의 역할을 명확히 하기 위하여, 2005년에 제정된「국
가보훈기본법」에 국가와 지방자치단체의 책무조항을 신설하는
한편 국가보훈처의 업무역할도 명시하였다. 제도 정착기(2006년
이후) 기간 중에는 특히 국외 주요 독립운동 사적지에 대한 실태
조사를 완료하여 국외에 소재한 주요사적지를 특정하였으며, 사
적지의 보존 관리 방안을 주요 사업으로 선정, 독립기념관과 연
계하여 지원을 실시하고 미조사 사적지의 조사를 계속하고 있
다. 또한 체계적인 사적지 보존·관리·활용 방안 마련을 위해 전
국에 산재한 독립운동 및 국가 수호 사적지 실태조사를 실시하
고 있다.

　현충시설 관리 조직을 살펴보면, 국가보훈처에서는 2006년 8
월 현충시설과를 설치하여 현충시설심의위원회 구성 및 개최,
건립·개·보수 지원 및 현충시설 활성화 지원계획 등 현충시설
정책총괄 업무를 수행하고 있으며, 21개 지방보훈(지)청에서 관
내의 현충시설 관리 및 활성화 지원 업무 등을 수행하고 있다.
2020년 현재는 보훈선양국 소속의 현충시설과로 운영되고 있
다. 현재 현충시설과의 기능을 정리해 보면, 현충시설의 건립·
지원 및 활용 등 정책의 종합기획 및 조정, 현충시설에 관한 법

령의 입안, 제·개정 및 연구·발전, 국내 현충시설의 실태조사 및 개·보수 지원, 국외 독립운동 관련 시설 실태조사 및 복원·관리 지원, 현충시설을 활용한 보훈정신 고취에 관한 사항 등을 중점적으로 추진하고 있다.

현충시설 범주에는 해당 국가유공자의 생가 등을 포함하고 있고, 그간의 현충시설 건립에서도 유족 등 민간에 의하여 주도된 경우가 적지 않았다. 따라서 현충시설이 한편으로는 사적인 소유물로서 개인적으로 관리되기도 하고, 지방자치단체 등 관리주체 등이 다양하여 현실적으로는 체계적인 관리가 이루어지지 못했다는 지적이 있어 왔다. 이에 국가보훈처는 합리적인 현충시설 관리와 관련하여 지속적인 노력을 하고 있으며, 새로운 방안들을 계속 발굴해 나가고 있다. 그러나 현재로서는 현충시설의 체계적인 보존과 관리에는 적지 않은 문제점이 있다. 따라서 현충시설의 건립, 관리, 운영, 활용 등에 관한 종합적인 관리 체계를 구축하는 일이 계속적으로 추진되어야 한다. 우선 법령 제정과 정비를 통해 관리·운영 주체의 업무와 역할을 분명히 하고, 예산·인력 등 자원 배분에 관한 합리적 기준과 범위를 설정하며, 체계적이고 통합적인 관리와 활용을 위한 전담조직 설립을 모색해야 한다. 그리고 미등록 사적지의 체계적인 발굴과 관리를 강화해야 한다. 미등록 시설의 경우는 관리상의 문제가 발생했을 때 적절한 조치가 이루어지지 않아 훼손되거나 멸실될 우려가 크기 때문에 국가적 차원의 적극적인 발굴과 관리가 필요하다. 그리고 궁극적으로는 현충시설의 효과적 활용을 통한 보훈정책의 수행 등으로 국가공동체를 위한 공헌과 희생정신이 국민의 나라사랑 정신으로 이어지고, 이를 통해 희생과 헌신이 존경받고 예우 받는 보훈문화가 우리 사회의 자연스러운 상식으로 정착될 수 있도록 해야 할 것이다.

보훈과 온기의 보훈공단

: 최재형 선생 순국 100주기를 보내며

2020년은 보훈과 관련되어 의미 있는 한 해였다. 그중에서도 2020년은 최재형 선생 순국 100주년이 되는 해이기도 하였다. 러시아 연해주 독립운동의 대부로 불린 선생은 1860년 함경북도 경원에서 태어났다. 선생의 아버지는 노비였고, 어머니는 기생이었다. 선생이 어려서 가족을 따라 연해주로 이주했고, 10대 때에는 6년 동안 러시아 상선을 탔으며, 이때 세상의 형편을 살피고 러시아어를 배웠다. 연해주로 돌아온 선생은 지역에서 억울한 동포들을 도우며 그 지역 민족공동체의 결속을 다졌다. 연해주의 동포들은 집에 선생의 초상화를 걸어두고, 페치카(벽난로)라고 불렀다고 한다. 동포들에게 난로처럼 따뜻했던 그를 달리 표현할 길이 없었을 것이다. 사업으로 부를 이룬 선생은 러시아 한인 마을에 소학교들을 세워 동포 교육에 힘썼고, 1905년 을사늑약이 체결되자 의병들의 군자금을 지원하며 독립운동에 나섰다. 선생은 1909년 권총을 마련해 주는 등 안중근 의사가 하얼빈에서 이토 히로부미를 사살할 수 있도록 지원하기도 했다. 상해임시정부 재무총장으로도 일했던 선생은 그의 모든 재산을 바쳐 독립운동에 나섰다. 그럼에도 연해주에서 선생과 함께 활동했던 왕족 출신의 한 인사는 선생을 노비의 아들이라고 무시했다고 한다. 이에 선생은 '국가에 대한 책임은 사람이 태어날 때 두 어깨에 메고 나는 것'이라고 했다고 한다. 변변히 해준 것 하나 없는 조국이었지만, 선생은 자신의 목숨보다 귀히 여겼다. 1920년 일본군은 연해주의 한인 동포 거주 지역들을 습격했다. 당시 우수리스크에서 머물던 선생은 이때 일본군에게 붙잡혀 4월 7일 총살로 순국했다.

공교롭게도 최재형 선생 순국 100주년인 올해 2월 선생의 손자이자 한국독립유공자후손협회 회장인 최발렌틴 선생의 별세 소식이 들리면서 안타까움을 주었다. 최 회장은 독일 방문 중 사고를 당해 현지에서 수술을 받은 뒤 모스크바로 옮겨 치료를 받았으나 결국 사망한 것으로 전해졌다. 이에 한국보훈복지의료공단(이하 '보훈공단')은 양봉민 이사장이 서울 용산구 소재 최재형기념사업회에 마련된 최 회장 분향소를 찾아 조문했다. 양 이 사장은 "최근 최 회장이 독일 현지 수술 비용으로 어려움을 겪고 있다는 소식을 접한 뒤, 보훈공단에서도 의료비 지원을 적극 검토하던 중이었다"며 이러한 취지로 2,000만 원을 후원할 것을 약속했다. 보훈공단은 지난 2001년부터 해외에 거주 중인 독립유공자를 위해 해외 의료봉사 및 의료비 지원 활동을 활발히 수행하고 있다.

이런 보훈의 의의와 역할을 담당하는 공공기관이 바로 보훈공단이다. 오늘의 대한민국은 조국독립과 국가 수호, 민주화, 그리고 국민의 생명과 재산보호를 위한 국가유공자의 희생과 헌신 위에 서 있다. 이런 국가유공자의 뜻을 기리고 공헌에 보답하는 보훈은 우리 사회의 당연한 책무이므로, 1981년 보훈공단을 설립해 국가유공자와 보훈가족에게 수준 높은 의료·복지 서비스를 제공하기 위해 노력하고 있다. 보훈공단은 국가유공자와 그 가족에 대한 진료와 재활 서비스를 제공하기 위해 서울, 부산, 광주, 대구, 대전, 인천 6개 지역에 총 3,500여 병상의 보훈병원을 설립하여 공공의료 서비스를 제공하고 있다. 또한 보훈의학연구소에서는 보훈대상자 특성에 맞는 연구를 시행하는 한편 국가유공자의 신체기능 회복과 재활을 위한 재활센터와 보장구센터, 노인성질환에 대한 전문 의료진의 케어서비스 제공을 위해 보훈요양병원을 운영하고 있다. 국가유공자 및 그 유가족의 복지사업과 관련해서는 치매·중풍 등 중증 노인성 질환을 가진 국가유공자를 치유하고 보살피기 위한 보훈요양원, 무의탁 노령 국가유공자 및 유족과 미성년 자녀 양로·양육보호를 위한 보훈원, 무주택 고령 국가유공자 및 그 유족을 위해 실버타운 개념의 고령자 전용 주거시설인 보훈복지타운, 미망인 및 국가유공자 휴양시설인 보훈휴양원 등을 운영하고 있다. 이런 시설과 서비스는 보훈가족이 체감하고 국민이 공감할 수 있도록 보훈정책과 제도를 내실화하는 노력의 일환이라고 할 수 있겠다.

보훈은 우리나라의 품격을 높이고 우리 국민의 자긍심을 강화함으로써 새로운 국민통합 시대를 여는 매개이다. 또한 보훈공단은 보훈문화가 일상 속에서 자리매김하여 국가유공자를 존경하는 분위기가 사회 전반으로 확산할 수 있도록 하는 데에도 깊은 관심을 기울이고 있다. 이와 관련해 보훈공단은 2020년 4월 코로나19로 인한 개학 연기로 급식 재료 판로가 막힌 지역 감자 농가를 돕기 위해 감자를 구입했고 원주시청 등에 이를 기부했다. 이에 대해 양 이사장은 "최근 보훈공단은 본사가 위치한 원주 지역을 대상으로 감염 예방물품 기부와 헌혈봉사, 의류 나눔 등 코로나19를 극복하기 위해 다각적인 노력을 기울이고 있다"
며 지역경제 활성화와 일반시민들의 안전을 위한 지원을 확대해
나가겠다고 말했다. 이런 활동들이 나라를 위한 헌신이 존경받
고, 우리 사회에 따뜻한 보훈문화가 꽃필 수 있도록 성심을 다하
는 공공기관의 한 모습이라고 본다.

　내년이면 보훈공단이 창립 40주년을 맞는다. 마흔을 미혹되지
않는 나이라고 불혹(不惑)이라고도 한다. 페치카 최재형 선생이
몸소 보여준 바대로 나라를 사랑하고 우리 사회 구성원들을 서
로 따뜻이 대하는 것이 흔들릴 수 없는 보훈의 자세이다. 그리고
국가를 위해 헌신하고 희생한 분들을 정당하게 보상하고 예우하
는 것이 미혹되지 않는 우리의 역할이다. 이런 사회적 책무를 보
훈공단이 앞장서 실행해야 한다. 최재형 선생 등 국가유공자들
이 목숨으로 지킨 온기를 영원히 지속되게 해야 한다는 뜻이다.
따라서 보훈공단의 다른 이름은 온기를 확산하는 페치카 공단일
수밖에 없다. 온기를 확산하는 우리 사회의 페치카 보훈공단의
훈훈한 앞날을 기대한다.

제2장

보훈과 사회

광복과 보훈

　한창 휴가철인지라 어떻게 피서를 갈까 달력을 뚫어져라 쳐다
보고 있었다. 그러니 자연히 8월에 무슨 날들이 있나 찾아보게
되었는데, 1일은 대한제국군이 강제해산(1907)된 날이고, 15일은
광복절(1945)이다. 또 29일은 일제에 의해 한일병합(韓日倂合)이
이루어진 경술국치(1910) 날이다.

　개항 초기에 조선을 둘러싸고 청나라와 각축전을 벌이던 일제
는 1894년 청일전쟁을 일으켜 승리하였다. 이후 지속적으로 조
선에 대한 지배권을 강화하던 일제는 러일전쟁과 동시에 1904
년 2월 한국에 군대를 파견하였다. 일제는 같은 해 8월에는 제1
차 한일협약(한일협정서)을 강제로 체결하여 일본정부가 추천하
는 고문을 재무와 외무 부문에 두게 하여 재정권과 외교권을 박
탈하였다. 이후 일제는 1905년 11월 고종을 협박하고, 매국관리

들을 매수하여 을사조약(제2차 한일협약)을 늑결(勒結)하였다. 이 조약으로 한국은 국권을 강탈당한 채 형식적인 국명만을 가진 나라로 전락하였다. 이어 일제는 1907년 8월 1일부터 한 달 동안 한국 식민지화의 최대 장애요인이었던 한국군대를 강제로 해산한 뒤 '남한대토벌작전'을 통하여 항일운동을 철저하게 진압하였다. 그러다가 마침내는 1910년 8월 22일 비밀리에 총리대신 이완용과 당시 총감 데라우치 마사타케(寺內正毅) 사이에 합병조약이 조인되었다. 이 조약이 체결된 뒤에도 일제는 한국민의 반항을 두려워하여 발표를 유보하다가 29일에야 순종으로 하여금 양국(讓國)의 조칙을 내리도록 하였다. 8개조로 된 이 조약은 제1조에서 '한국정부에 대한 모든 통치권을 완전히 또 영구히' 일제에 양여할 것을 규정하고 있다. 이로써 한국은 조선왕조가 건국된 지 27대 519년 만에 망하고 말았다. 우리가 중국이나 몽골 등 외국과 전쟁을 하여 패하고 항복하는 굴욕을 당한 적은 있었지만 반만년 역사를 통틀어 나라를 내어준 적이 없었기 때문에 경술국일은 더더욱 통탄의 날일 수밖에 없었다.

이후 문자 그대로 '빛을 되찾고' 국권을 되찾기 위해 오랜 투쟁을 지속하며 숱한 희생을 겪어야만 했다. 그리고 그중심에는 독립군과 광복군 등의 무장독립운동이 자리하고 있다. 물론 광복을 위한 우리의 이런 투쟁과 더불어 미·영·중·소 등 연합군의 힘도 결정적 역할을 하였다. 이런 역사적 배경 속에서 8월에 들어 있는 주요 기념일이 모두 전쟁과 매우 밀접한 관련을 맺게 된 것이다.

한국을 포함한 대부분의 국가에서 국방정책의 목표는 외부의 군사적 위협과 침략으로부터 국가를 보위하는 것이다. 그리고 보훈의 목적은 국가를 위하여 공헌하거나 희생한 분들과 그 유족에 대한 예우와 지원을 통하여 이분들의 영예로운 생활을 보장하고, 이를 국민의 애국심을 함양하고 안보 역량을 강화하여, 국가사회를 유지·발전시키는 것이다. 우리가 겪은 고통의 역사와 현재의 국가정책에서 알 수 있듯이 국가안보는 국가 발전과 안정의 가장 기본적인 전제이다. 그리고 이런 국가안보에 대한 극단적인 위협이 전쟁일 것이다. 그러므로 일반국민들이 전쟁이 발발하였을 경우 참전할 의지가 있느냐 또는 없느냐를 확인해 보는 것은 중요한 의의가 있다고 할 수 있다.

이런 뜻에서 한국, 중국, 일본, 미국, 영국 등 동서양 주요국가의 일반 국민들을 대상으로 전쟁이 발발하였을 경우 참전할 의지가 있느냐를 조사해 본 결과에 의하면, 각 국가별로 차이가 있음을 알게 된다. 전쟁 참여 의지를 묻는 질문에 대해 '참여'를 선택한 비율을 보면, 5개국 전체 평균은 68.0%였고, 중국과 한국이 각각 86.9%와 72.2%로 평균을 상회하는 것으로 나타났다. 일본, 미국, 영국은 전체 평균보다 낮은 '참여' 의지를 보이고 있었다. 즉 한국 국민 10명 중 7명은 전쟁이 일어난다면 우리나라를 위해 기꺼이 싸우겠다는 생각을 가지고 있고, 나머지 3명은 회피하겠다는 생각을 갖고 있는 것으로 보인다. 그리고 전쟁 참여 의지에 영향을 주는 원인들을 분석해 보았을 때, 군에 대한 신뢰와 국가에 대한 자부심이 중요한 것으로 나타났다. 이런 결과에 의하면 군에 대한 신뢰를 높이고, 국가에 대한 자부심을 높이는 것이 국민들의 국가보위 의지를 높이는 지름길임을 알 수 있다. 이를 위해서는 '국민과 함께하는 국민의 군대지향'이라는 국방정책 기조와 '국민의 나라사랑 정신 확산'이라는 보훈 업무의 목표를 더욱 적극적으로 추구해 나가야 할 것으로 판단된다. 8월에 보훈이 특히 중요한 이유이다.

아울러 부언하자면 8월 15일은 대한민국 정부수립(1948년)을 기념하는 날이기도 하다. 1949년 10월 1일 제정된 '국경일에 대한 법률'에 따라 국경일로 지정되어 국기를 게양한다. 북쪽에서는 이 날을 민족해방기념일로 부른다.

보훈과 조선학교

　일본 타가와(田川) 군(郡)에는 휴가 묘지(墓地)라는 곳이 있고, 기타큐슈(北九州) 시(市)에는 오다야마 묘지라는 곳이 있다고 한다. 휴가 묘지는 일본의 한 집안 묘지인데, 이 묘지 가장 구석자리에 베개만 한 돌들이 흩어져 있다. 이 돌들은 석탄을 캐다 나온 쓸모없는 것들이다. 그런데 글씨 하나 새기지 못한 이 돌들로 삶과 죽음을 증명하는 사람들이 있다. 일제(日帝) 강점기 타가와 근처 탄광이나 제철소에서 사망한 조선인 노동자들이다. 그들이 아파 죽었는지 맞아 죽었는지는 알 수 없지만, 저녁이 되면 둘러앉아 함께 밥을 먹는 그런 평범한 일상을 바랐던 사람들이었을 것이다. 오다야마 묘지도 마찬가지다. 해방 후 겨우 목선을 구해 귀국길에 올랐던 사람들이 물에 빠져 죽은 시신이 되어 태풍에 휩쓸려 와카마쓰(若松) 해변으로 떠내려 왔다. 누군가 그들을 2㎞ 떨어진 시립묘지 구석에 매장한 것이 조선인 조난자 묘역이다. 펜스와 옹벽으로 둘러싸인 채 발목까지 풀이 무성한 비석하나 없는 묘지다. 휴가 묘지의 37명과 오다야마의 80명, 그들은 내남없이 모두 조선인이라는 하나의 이름으로만 기억된다. 이들은 살아서도 죽어서도 식민지 시대의 고통과 차별을 온몸으로 감당하고 있다.

이런 사람들 이외에도 여러 가지 이유로 일본에 정착하게 된 조선인들이 있다. 재일조선인들은 해방 후 일본 각지에서 우리말과 우리 역사를 가르치는 조선인 학교를 세웠다. 이들은 아이들의 꿈을 키우기 위해 유치원부터 대학에 이르기까지 전 세계에서 유례를 찾기 힘든 민족교육 사업을 펼쳐 왔다. 이들이 세운 학교가 '조선학교'이고, 이 이름보다는 '우리학교'라는 이름으로 애정을 표했다. 하지만 일본의 조선학교 탄압은 해방 직후부터 시작된다. 해방 후 귀국을 미뤘던 부모들이 만든 국어강습소가 조선학교로 발전하자 연합국총사령부는 '조선인학교 폐쇄령'을 내렸고, 동포사회는 유명한 4·24 한신교육대투쟁으로 학교를 지켜냈다. 그 후로도 일본 정부의 탄압과 간섭이 계속되자 동포들은 자주적인 교육과정을 운영할 수 있는 '각종학교'로 전환해 인가를 받았다. 그러나 인가 후에도 조선학교에 대한 차별은 다양한 방법으로 나타났다. JR정기통학권 할인율 차별과 대학수험 자격 문제가 대표적이다. 그때마다 동포사회는 차별에 맞서 학교를 지켜 왔다. 조선학교는 재일조선인총연합회가 중심이 되어 만든 학교이고 북한의 지원을 받아 왔다. 이런 이유로 오랫동안 한국 사회의 외면을 받아 온 것도 사실이지만 지금 대부분의 학교에는 한국 국적을 가진 학생이 더 많다고 한다. 이런 국적이 문제가 아니라 일본의 차별에 맞서 민족의 정체성을 지켜 오고 있다는 것은 놀라운 일이다. 그러나 지금 이 학교들은 혹독한 시련을 겪고 있다. 일본 정부가 고교무상화제도로부터 조선학교를 배제하고, 지방자치단체는 연달아 보조금을 중단해 오고 있기 때문이다.

2020년 2월 21일 일본 문부과학성 앞에서는 조선학교 무상화 배제 반대 '금요행동' 200번째 시위가 열렸다. 조선학교 무상화 배제 반대 시위는 7년 전인 2013년부터 2주에 한 번 꼴로 조선학교 학생들을 중심으로 금요일 문부과학성 앞에서 열리고 있다. 2013년은 아베 신조(安倍晋三) 수상 이하 일본 정부가 행정규칙을 고쳐 고교 무상화 대상에서 조선학교 제외를 못 박은 해였다. 일본은 민주당 정권 때인 2010년 고교 무상화 정책을 시작했으나 '북한 문제'를 이유로 조선학교는 대상에서 제외했다. 시위는

7년째 이어지고 있지만, 일본 정부의 조선학교 무상화 배제 조처는 오히려 더 강화됐다. 조선학교 졸업생 등은 조선학교 고교 무상화 배제 조처가 위법이라며 도쿄(東京), 오사카(大阪) 등에서 손해배상 소송을 냈으나, 모두 패소한 상태다. 특히, 도쿄와 오사카 판결에 대해서는 일본 최고재판소가 원고 패소 판결을 확정했다. 조선학교가 재일조선인총연합회 영향력 하에 있으니 정부 지원금이 수업료에 쓰이지 않을 수 있다는 일본 정부 판단에 재량의 일탈이 없다는 것이다. 조선학교는 문부과학성에 재정 상황을 보고하고 있으며, 의심스러우면 조사를 해 보면 되지 않느냐고 반박한다. 이뿐이 아니다. 아베 정부는 2019년 유아교육 무상화 정책을 시작했으나, 조선학교를 포함한 국제학교는 대상에서 제외했다. 유아교육 무상화 재원은 재일동포들과 외국인도 모두 내는 소비세율 인상분에서 나왔는데도 말이다.

2020년 초기부터 우리를 포함한 세계는 코로나19로 신음하고 있다. 이는 일본 사회도 마찬가지이다. 이런 상황 속에서 우리를 경악케 하는 일이 벌어졌다. 도쿄 인근에 있는 사이타마(埼玉) 시는 최근 코로나19 예방을 위한 마스크를 관내 학교에 배포하면서 조선학교만 제외했다. 당시 시는 '지도·감독 시설에 해당하지 않아 마스크가 부적절하게 사용될 경우 지도가 불가능하다', '다른 곳에 팔아넘길지 모른다' 등의 이유를 들었다. 이에 조선학교 유치원장은 "마스크 한 상자가 탐나는 것이 아니다. 아이들의 생명이 평등한 대우를 받아야 한다."고 강력 항의하였다. 이런 행위에 대해 일부 일본 사회에서도 '인권·인도적으로 간과할 수 없으며 용서할 수 없는 행위'라며 조선학교 유치부에도 즉각 마스크를 배포하라고 촉구하고 나섰다. 또 차별 중단을 촉구하는 국제연대 활동에 나서며 조선학교에 마스크 보내기 운동도 전개했다. 사이타마 시는 일본 안팎의 거센 비판을 받자 조선학교 제외 방침을 철회했다.

이런 부당하고 비극적인 사건은 모두 일제의 침략으로 인하여 조선의 국권을 상실했던 역사로부터 비롯된다. 1919년 8월 22일 체결되고 29일 순종황제의 조칙으로 발표된 한일합병으로 말미암아 우리 민족은 나라 잃은 민족이 되었고, 각종 수난을 받을 수밖에 없는 처지가 되고 말았다. 우리의 국권을 강탈해 간 일제는 조선총독부를 설치한 뒤 행정, 입법, 사법 및 군대까지 손에 쥐고 우리 민족을 탄압했다. 하지만 우리 민족은 일제에 맞서 독립운동을 벌이며 나라를 되찾기 위해 노력했다. 이 와중에 위에서 본 것처럼 강제징용으로 끌려간 사람들이 속출했다.

일제는 노동력 보충을 위해 조선인을 강제노동에 동원·종사

케 했다. 일제는 중국 침략 전에는 조선의 값싼 노동력을 '모집'이라는 형식으로 징발하여 일본의 토목공사장·광산에서 집단노동하게 했으나, 중·일전쟁(1937) 후부터는 국가총동원법을 공포하고 국민징용령을 실시, 강제동원에 나섰다. 1939년부터 1945년까지 강제 동원된 조선인은 113만에서 146만 명에 달하는 것으로 조사되어 있다. 이들은 주로 탄광·금속광산·토건공사·군수공장에서 가혹한 노동 조건 밑에 혹사당했다. 또한 '근로동원'이란 명목으로 국민학생까지 군사시설 공사에 동원했으며, 1944년에는 '여자정신대근무령'을 발표, 12세에서 40세까지의 여성 수십만 명을 강제징집, 군수공장 등에서 일하게 하였다. 이에 대해 일본 정부는 1990년 6월 강제징용 한국인 총수를 66만 7천6백48명으로 공식 발표했을 뿐, 이들에 대한 어떤 보상도 외면하고 있다.

이런 압제와 고난 속에서도 나라를 되찾고 스스로 다스리는 국가가 있는 본래의 상태로 되돌아오기 위한 피나는 노력 끝에 1945년 8월 15일 '빛을 되찾은' 광복(光復)을 맞이하게 된다. 2020년은 광복 75주년이 되는 해였다. '과거를 잊은 민족에게는 미래가 없다'는 말을 우리 모두 익히 들어 왔다. 그러나 3·1독립운동, 봉오동·청산리전투 등 자주독립, 민족해방과 관련한 중요한 역사적 사실들이 오랜 시간이 지나면서 이제는 단순히 지나간 과거로만 인식되는 경향이 있다. 오늘의 자유롭고 번영된 한국 사회는 빼앗긴 나라를 되찾기 위해 목숨조차 아끼지 않았던 독립유공자들의 희생과 헌신을 바탕으로 하고 있다는 사실을 잊어서는 안 된다. 이와 관련하여 일제로부터 조국의 자주독립을 위하여 공헌한 독립유공자와 그 유족에게 국가가 합당한 예우를 함으로써 독립유공자와 그 유족의 생활안정과 복지 향상을 도모하는 일은 국가의 중요한 책임이다. 그리고 더 나아가 이런 독립의지와 자주정신을 바탕으로 국민의 애국정신을 길러 민족정기를 선양하는 일 역시 후대의 부채를 갚아 나가는 일이다. 이를 위하여 우리는 '독립유공자예우에 관한 법률'을 제정하여 이런 목적을 수행하고 있다.

현재 한·일 관계는 일제 강제징용 문제로도 갈등의 골이 깊은 상태이다. 이와 관련해 최근 일본 보수 성향의 언론이 문제인 대통령이 변호사였던 시절 강제징용 피해자의 소송대리인이었던 경험 때문에 강제징용 문제에서 '피해자 중심주의'를 고수한다고 비판한 바 있다. 이에 대해 문 대통령은 "나는 오히려 자랑스럽게 생각한다"고 말한 것으로 알려졌다. 또 코로나19로 서로가 어려운 상황 속에서도 일제 강제징용 피해자 유족이 일본에 마스크를 보내기로 했다는 소식도 들린다. 일본만 생각하면 분노와 슬픔에 가슴이 저리지만, 어려움에 부닥친 일본 시민을 두고 볼 수 없어서라고 한다. 이런 한·일 관계의 최대 걸림돌이 되고 있는 강제징용 문제를 풀 수 있는 방식으로 일본 정부와 가해 기업의 '인권침해 사실 인정'이 깔려 있어야 한다는 주장이 제시되고 있다. 이런 주장은 과거 강제징용 피해자들이 일본에서 제기한 소송에서 일본 법원이 패소 판결을 내리면서도 강제연행·강제노동 등 불법행위를 인정했다는 점을 지적하고 있다. 이런 일제 강제징용 문제와 관련해 문 대통령은 "피해자 중심주의는 국제사회의 합의된 원칙"이라며, "이전 정부에서 한 위안부 합의도 피해자 중심주의에 입각하지 않아 국민의 동의를 못 구한 것"이라고 설명했다.

한일합병이나 그 후의 일제 강제징용 문제, 일본 정부의 조선학교 무상화 배제 문제 등은 모두 비정상(非正常)적인 상태에서 나오고 있다고 본다. 이를 해결하기 위해서는 정상(正常)으로의 복귀가 필요하며, 광복이 대표적으로 바로 이런 비정상의 정상으로의 복귀라고 할 수 있다. 그러므로 일제 강제징용 문제나 일본 정부의 조선학교 무상화 배제 문제 등도 합리적인 이성에 근거하여 정상적인 것이 무엇인가 고민하면 해답이 나올 것으로 본다. 예를 들어 일제 강제징용 문제와 관련하여 우리 대법원이 일제 강점기 당시 강제징용 피해자들이 일본 기업을 상대로 낸 손해배상 청구소송에 대해 배상하라고 확정한 것이 정상이며, 대통령이 '피해자 중심주의'라는 인류 보편적인 기준에 따른 것이 '오히려 자랑스럽다'고 말하는 것이 정상이다.

이와 연관하여 우리 사회의 정상성에 대해 살펴보자. 대한민국의 오늘은 국가를 위하여 희생하거나 공헌한 분들의 숭고한 정신으로 이룩되었고, 이를 인정하는 것이 정상이다. 그러므로 우리와 우리의 후손들이 그 정신을 기억하고 선양하며, 이를 정신적 토대로 삼아 국민통합과 국가 발전에 기여하는 것은 당연한 일이 되어야 하며, 이런 것이 정상이라고 할 수 있다. 국가를 위하여 희생하거나 공헌한 국가유공자들의 자주독립, 국가보존, 자유민주 등의 가치는 국민통합과 국가 발전을 위한 기초가 되며, 이런 정신을 기억하고 선양하는 것은 우선 과거를 잊지 않는 민족이 되게 하는 것이고, 우리 사회에 미래를 보장하는 것이기 때문이다. 그래서 우리 「국가보훈기본법」에서는 "대한민국의 오늘은 국가를 위하여 희생하거나 공헌한 분들의 숭고한 정신으로 이룩된 것이므로 우리와 우리의 후손들이 그 정신을 기억하고 선양하며, 이를 정신적 토대로 삼아 국민통합과 국가 발전에 기여하는 것을 보훈의 기본이념으로 한다."고 규정하고 있다. 보훈은 바로 우리 사회의 정상성을 확보하는 하나의 기둥임을 알 수 있다.

2019년은 3·1운동과 대한민국임시정부 수립 100주년이 되는 해였다. 2020년 역시 보훈의 주요 영역인 독립·호국·민주와 관련하여 중요한 한 해였다. 이와 관련한 다양한 계기행사 등을 통하여 '나라를 되찾고, 지키고, 바로세운' 독립·호국·민주의 역사가 각각의 시기와 형태는 다르지만 모두가 '공동체를 위한 헌신'이라는 하나의 가치로 수렴된다는 점이 알려졌으면 한다. 국난극복이 우리 사회의 정체성이라는 말이 나올 정도로 우리는 어려운 일들을 많이 겪었다. 그러나 이를 교훈으로 삼아 보편의 이성과 합리를 바로 세울 수 있다면, 이런 역사가 오히려 자랑스러운 역사가 될 수 있을 것이며, 이런 과정을 이루어 나가는 일에 보훈이 적극적으로 기여할 수 있다고 본다.

국민 자부심에 관한 영향요인

신경과학계의 '거울 뉴런(mirror of neurons)' 이론에 의하면 컵을 쥐거나 미소를 짓는 등 다른 사람의 행위를 보는 것만으로도 자신이 그런 행위를 하는 것처럼 뇌신경이 활성화된다고 한다. 이 거울 뉴런은 감정에도 관여하는데 만약 어떤 사람이 다른 사람의 웃거나 우는 모습을 볼 때, 거울 뉴런은 그 사람 스스로의 얼굴이 웃거나 우는 것과 똑같이 발화하게 된다. 그리고 그 사람의 거울 뉴런은 이내 인간 감정을 주관하는 변연계에 신호를 보내고 그 사람의 얼굴은 표정을 짓고 슬픔, 기쁨을 느끼게 된다. 즉 인간은 모방하면서 다른 사람과 공감하게 된다는 것이다. 이에 따르면 애국심이나 국민 자부심 등의 고차적인 감정도 거울 뉴런에 영향을 받을 수 있을 것이다. 즉 주위에 적극적으로 애국심이나 국민 자부심을 표현하는 사람이 있으면 다른 사람도 그 사람을 통해 일정 정도 영향을 받게 될 것이라는 가정이다.

　이런 과학적 가설을 차치하더라도 대부분의 국가들은 해당 국민들의 애국심이나 자부심을 고양시키기 위해 다양한 방안을 시행하고 있으며, 지속적으로 효과적 방안 개발에 투자하고 있다. 예를 들어 최근 영국에서는 의무교육을 마치고 사회에 진출하는 16세 청소년들에게 '나는 영국인으로서 여왕에게 충성을 맹세하며…'로 시작되는 '충성 맹세'를 시키는 방안이 논란을 일으키고 있다. '영국인'이라는 긍지·정체성·소속감을 높이기 위해 마련된 방안이지만 이러한 방안을 밀어 붙이면 도리어 심각한 분열을 낳을 수 있다는 경고도 있다. 이와 같은 목적으로 한국과 미국 등에서는 공식의례를 거행할 때 '국기에 대한 맹세' 등의 형식으로 국가에 대한 충성 서약을 하고 있다.

　'국기에 대한 맹세' 사례에서처럼 여러 논란이 있음에도 세계 각국이 다양한 정책을 동원하여 국민으로써의 자부심과 이를 통한 소속감, 애국심을 높이려 하고 있다. 즉 개인적 욕구나 이기적 감정을 억제하고 국가라는 공동체가 지향하는 바에 대해 헌신하도록 하는 문제는 현대 모든 국가의 공통적 관심이다. 이러하기 때문에 세계 각국은 해당 국가와 사회발전의 밑거름이 될 국민의 건전한 국가관 정립과 공동체의식 고취 및 국민통합 등 보이지 않는 정신적 가치를 창출할 수 있는 다양한 정책적 기능을 강화하고 있다. 국민으로서의 자부심, 공동체의식, 자발적 헌신성, 애국심 등 국가유지와 발전에 필요한 덕목을 함양하는 기능을 하는 대표적인 정책당국이 한국의 경우에는 국가보훈처라고 할 수 있고, 이러한 경향은 중국이나 일본도 마찬가지이며 이를 위하여 교육부나 문부과학성 등에서 다양한 정책들을 수행하고 있다. 즉 각국 정부는 국민들이 국가공동체의 일원으로서의 자부심을 더욱 느낄 수 있는 환경을 조성하여 민·관을 포함한 모든 개개인들이 공동체와 국민 전체를 위한 섬김과 헌신을 다할 수 있도록 환경을 조성하고 있다.

한·중·일 3국 국민에 대해 위에서와 같은 의의를 가지고 있는 항목인 국민 자부심에 대해 어떤 변수들이 영향을 주고 있는지 분석한 연구에 의하면, 한·중·일 3국 전체에서는 주로 행복감 인식과 군대·정부 신뢰 인식이 국민 자부심에 영향을 미치는 것으로 나타났다. 이런 공통된 요인 외에 특히 한국의 경우에는 인권존중 인식과 행복감 그리고 민주주의의 중요성 인식이 또한 중요한 영향을 미치는 것으로 나타나고 있다. 이런 결과를 통해볼 때, 한국의 경우 국민 자부심을 고취하기 위해서는 우선 정부신뢰, 민주주의의 중요성, 인권존중 인식을 강화할 수 있어야 함을 알 수 있고, 정책 당국에서는 국민들이 민주적인 환경에서 인권이 존중받고 있으며, 정부가 하는 일들이 매우 신뢰할 만하다고 느낄 수 있도록 하는 쪽으로 정책들이 입안되고 집행되어 나가야 함을 알 수 있다.

대부분의 나라와 같이 현재 우리 사회는 정부의 보수적인 국정운영에 따라 공적 의무감과 애국심이 특별히 강조되고 있다. 이러한 방향이 뜻대로 나아가기 위해서는 무엇이 필요할 것인지 다시 한 번 확인해 보는 자세가 필요할 것이다. 그리고 이러한 목표에 도달하기 위해서는 국민들에 대한 캠페인성 홍보나 교육과 더불어 민주주의 발전, 인권 존중, 사회적 신뢰 확충 등 더욱 기본적이고 본질적인 가치들에 대한 제고 방안이 동시에 이루어져야 할 것이다.

보훈과 공정

현재 한국 사회에서 중요한 화두 중의 하나로 공정(公正)이 회자되고 있다. 그러나 공정한 사회에 대한 공감대는 아직 충분히 형성되지 못한 실정인 것 같다. 왜냐하면 공정이란 객관적인 사실을 설명하는 개념이 아니고, 주관적인 가치관에 따라 얼마든지 다르게 해석할 수 있는 개념이기 때문이다. 그러니 공정성에 대한 사회적 관심이 오히려 여러 집단들에서 자신들의 가치판단을 근거로 사회를 더욱 갈등에 빠지게 하는 불합리한 행위로 나타날 수도 있는 것이다. 그럼에도 공정이 사회에서 중요하게 여겨지는 것은 크게 두 가지 이유 때문이다. 첫째는 공정성이라는 것이 사회생활을 지탱하는 기본 원칙 중의 하나로 모든 사람들이 바람직하다고 여기는 덕목이기 때문이다. 둘째로는 물질, 권력, 서비스, 명예 등 대부분의 사회 구성원들이 추구하는 가치 있는 재화가 제한되어 있는 현실 속에서 그 재화를 어떻게 분배하는가 하는 것이 개인의 이익과 직결되는 문제라는 사실 때문이다. 즉 공정이라는 것은 사람들이 추구하는 유리한 결과를 얻는 것과 밀접하게 연관되어 있다는 것이다.

이해를 위해서 공정과 관련한 한 사례를 들어보자. 이는 인도 학생들을 대상으로 미로 풀기 실험을 수행한 결과이다. 실험의 목적은 낮은 카스트에 속한 학생들이 카스트를 밝혔을 때와 밝히지 않았을 때, 어떤 차이가 있는지 알아보는 것이었다. 카스트 제도란 인도에서 직업에 따라 사람들을 구별하는 제도를 말한다. 처음에는 이 제도가 단순히 직업을 구별하는 것이었지만, 시간이 지나면서 직업에 따라 사람을 차별하는 제도로 변질되고 말았다. 오늘날 인도에서는 법적으로 카스트 제도를 인정하지 않지만, 관습적으로는 여전히 카스트 제도가 남아 있어 사람들을 차별하는 이유가 된다. 이 실험의 결과는 분명했다. 카스트를 밝히지 않았을 때, 낮은 카스트 학생들의 성과는 높은 카스트 학생들의 성과에 뒤처지지 않았고, 오히려 더 좋은 편이었다. 그런데 카스트를 밝히게 되자, 낮은 카스트 학생들의 성과가 급격히 떨어졌다.

왜 이런 일이 일어났을까? 실험자들은 카스트를 밝히게 되면

공정하게 취급받지 못할 것이라는 예상이 학생들을 사로잡았기 때문이라고 분석했다. 낮은 카스트의 학생들은 신분 때문에 공정한 보상이나 기회를 박탈당하는 상황을 수시로 접해 왔다. 카스트를 공개적으로 밝히는 상황이 되자 이런 경험들이 떠올랐고, 이는 의욕 저하로 이어져 성과를 떨어뜨렸던 것이다.

이를 애덤스(J. Stacy Adams)는 공정성 이론이라는 이름으로 설명하고 있다. 이는 조직 내의 개인이 공정을 인식하고 반응하는 것을 가리킨다. 즉 각 개인은 상대방으로부터 자신의 공헌에 대한 공정한 대가를 받고 있다고 생각할 때 조직의 목표 달성을 위한 긍정적인 행동을 하게 된다는 것이다. 예를 들어 조직 내에서의 개인은 자신의 공헌을 그에 대한 보상과 비교하고, 그 둘 사이의 비율을 다른 사람과 비교하여 공정한 대우를 받았는지 판단한다. 이런 판단은 크게 세 가지 경우로 나누어 볼 수 있겠다. 먼저 자신과 다른 사람의 보상 비율이 같다고 느낄 때는 공정한 상태로 인식하여 현 상태를 유지하려고 한다. 두 번째로 공헌에 비해 보상을 더 적게 받는다고 느낄 때에는 부정적인 불공정성을 인식하고 노력의 수준을 낮출 것이다. 세 번째로 공헌에 비해 보상을 더 많이 받는다고 느낄 때에는 긍정적인 불공정성을 인식하고 더욱 노력하여 직무를 더 열심히 수행하려고 할 것이다.

이런 경우들을 살펴볼 때, 역시 억울하게 살고 있다고 느낄 때가 문제임을 알 수 있다. 이럴 경우 본인의 능력을 제대로 발휘하지 않아 결국 성과를 스스로 낮추어 버리기 때문이다.

일견 어이없어 보이기까지 하는 이런 실험 결과는 우리 사회와는 무관할까? 우리 사회에서는 도대체 이해할 수 없는 일이라고 단정할 수 있다면 정말 다행이다. 그렇지만 '흙수저', '금수저'라는 말이 그냥 수저의 재료 구분일 뿐이라고 가볍게 넘겨 버릴 수 없는 것이 우리 사회의 현실이다. 위 실험의 영향을 한 번 생각해 보자. 자신의 책임이 아닌 불공정한 굴레로 인해서 본래 능력을 제대로 펼칠 수 없는 구조라면 그 사회가 건강하고, 지속가능할 수 있을까? 그리고 그 영향은 불공정 처우를 받는 사람들에게만 해당될까? 아니다. 그 영향은 불공정한 처우를 받는 사람들뿐만 아니라 사회를 구성하는 모든 사람들이 다 같이 떠안게 된다. 그리고 특히 미래 세대가 그 업보를 더 오래도록 짊어지게 되니, 불공정의 악순환이 일어나게 된다.

이렇게 인도의 실험이나 공정성 이론에서도 알 수 있듯이 공정한 대우와 보상이 이루어질 때 조직원의 성과와 헌신을 기대할 수 있다. 더 나아가 국가 단위의 조직에도 동일한 논리가 적용될 수 있다. 즉 나라를 위한 헌신이 명예롭고 존중받는다는 확고한 믿음을 가지게 될 때, 공동체 구성원들은 나라를 위해 본인이 갖고 있는 열정과 능력을 주저 없이 발휘할 수 있게 된다. 공정한 사회가 이루어질 때 국가공동체의 영속적 발전을 위한 사회적 토대가 확립될 수 있다는 것이다.

우리 사회의 오늘은 국민들의 애국정신을 바탕으로 국가유공자들의 희생과 공헌 위에 이룩된 것이라는 점을 인정하지 않을 수 없다. 그러면 나라가 어려움에 처했을 때 이를 헤쳐 나가고자 목숨마저 돌보지 않았던 국가유공자들이 꿈꿨던 사회는 어떤 사회일까? 그들이 바라던 사회는 불합리한 기준에 의해서 억울한 사람들이 생겨나는 세상은 아니었을 것이다. '하마터면 억울하게 살 뻔했다'고 판단해 자신의 능력을 스스로 깎아내리는 그런 세상은 아니었을 것이란 말이다. 그래서 불공정한 사회는 현재의 오늘을 선물한 우리 은인들을 배신하는 일이 된다. 만일 우리가 지금 그런 잘못을 하고 있다면, 당연히 반성하고 고쳐야 한다. 불공정은 국가유공자들의 희생과 헌신을 저버리는 일이 된다. 이와 동시에 생각해야 할 점이 있다. 보훈의 본질은 국가를 위해 희생하거나 공헌한 사람들에 대한 보답이라는 점이다. 이는 그 희생과 공헌의 정도에 상응하여 국가유공자와 그 유족의 영예로운 생활이 유지·보장되도록 실질적인 보상이 이루어져야 한다는 의미이다. 만약 그렇지 못하다면 이것 역시 불공정이라고 해야 한다.

국가유공자들이 바란 세상은 정의로운 세상이다. 그러니 불공정은 보훈정신에 위배된다. 우리를 위한 공헌과 희생에 감사하고 보답하는 것은 인지상정이고 도리이다. 그리고 이런 보상이 제대로 이루어지는 것이 공정한 일이다. 이런 뜻에서 보훈은 국가와 사회발전을 위해 국민들의 능력을 최대한 이끌어 낼 수 있도록 동기를 부여하는 공정한 시스템이라고 할 수 있다. "우리의 젊은이들이 어떤 전쟁이라도 기꺼이 수행하겠다는 마음은 그것을 정당화하는 데 달려 있는 것이 아니라, 이전의 전쟁에 나갔던 군인들이 국가로부터 받는 대접과 감사의 정도에 직접적으로 비례한다."는 미국 초대 대통령 워싱턴(Washington)의 말은 공정함의 의미를 보여준다. 한국 사회에서 공정을 지탱하는 한 영역이 바로 보훈이라는 점을 다시 한 번 상기해 보았으면 한다.

가정의 달과 보훈의 달

보훈교육연구원은 나라사랑 정신의 선양을 비롯한 다양한 교육과 연구를 수행하는 기관이다. 몇 년 전 5월 중순에 마침 우리 연구원에서 연수중이던 교감 선생님들 현장견학을 따라가게 되었다. 버스로 이동하는 중에 같이 앉은 선생님과 이런 저런 얘기를 나누다 당신 부친 얘기가 나왔다. 어느 해, 시골에 계시던 부모님을 자택에 모시게 되었는데 당시 70세였던 부친은 천식으로 심하게 고생을 하고 계셨다. 그런 분이 90세까지 장수하시다 돌아가셨다는 말씀이셨다. 나중에 당신께서 그 이유를 곰곰이 생각해 보니 손자들과 하루하루 즐겁게 보내신 것 외에는 다른 이유가 전혀 없더라는 것이다. 그리고 마지막으로 하시는 말씀이 사람은 외로우면 오래 못 산다는 것이었다.

점심을 한 후 잠시 쉬면서 한담을 나누게 되었다. 때가 가정의 달이라 그런지 몰라도 또 자연스럽게 부모님 얘기가 오고 갔다. 얘기 도중 한 선생님이 시(詩)를 하나 들려 주셨다. '하루 종일 밭에서 죽어라 힘들게 일해도 어머니는 그래도 되는 줄 알았습니다/배부르다, 생각 없다, 식구들 다 먹이고 굶어도 어머니는 그래도 되는 줄 알았습니다(심순덕 作)'로 이어지는 내용을 들으면서 저절로 코끝이 찡해지는 것을 막을 수 없었다.

이제 이런 5월이 가고 현충일과 6·25전쟁기념일이 들어 있는 호국·보훈의 달 6월이 왔다. 6월을 맞아 가만히 생각해 보니 5월과 6월은 어쩌면 같은 성격의 달이 아닌가 하는 생각에 잠기게 된다. 누구에게나 현재의 내가 있게 해 준 부모가 있듯이 우리 민족에게는 현재의 우리를 있게 해 준 사람들이 있을 것이다. 그 사람들이 누구일까? 바로 나라와 민족을 위하여 헌신·희생하신 순국선열 등 국가유공자들일 것이다. 가정의 달을 맞아 부모님께 감사 인사를 올렸다면 이제는 호국·보훈의 달을 맞아 국가유공자와 그 유가족들에게 깊은 경의와 감사를 드려야 마땅할 것이다. 우리 부모님들이 우리 가까이에 계시듯 국가유공자와 그 유가족들도 우리 주위에 계시다. 현재 우리 주위에는 애국지사 서른 명을 포함한 많은 국가유공자와 그분들의 유가족들이 계시다. 또 우리 민족의 성지인 서울·대전 현충원 등에 순국선열 등 국가유공자들이 잠들어 계시고, 독립기념관 등 2,200여 개 현충시설에서 호국영령들이 우리를 굽어보시고 있다.

'미래의 자식들을 위한 투쟁에서/오늘 죽음까지 불사했던 사람은 결코/사라지는 법이 없을 것이다/만인의 승리와 함께 그 이름은 별이 되어/지상에서 다시 살아날 것이다(김남주 作).' 과연 그래야 할 것이다. 순국선열과 호국영령들이 저승에서 더 외로움을 느끼게 할 수는 없다. 국가유공자와 그 유가족들이 외로움에 떨게 해서는 안 된다. 이분들이 장수하시게 해야 한다. 가정의 달의 또 다른 연장인 6월 호국·보훈의 달에 가족과 함께 나라사랑 역사의 발자취를 찾아 나서 보자.

다문화사회의 국민 정체성

　일본의 고교 무상화 정책은 옛 민주당 정권 때인 2010년 4월 도입됐다. 일본 정부는 고등학생 1명당 연간 일정액의 지원금을 학교에 지원해, 아직 의무교육 대상이 아닌 고등학교의 수업료를 사실상 무료화하는 제도를 시행하고 있다. 그러나 일부 계층의 강한 반대로 고등과정의 조선학교(총련계 민족학교)에 대해서는 적용을 유보해 왔다. 그리고 이러한 일본 내 문제는 국제인권문제로 비화되기도 했다. 예를 들어 유엔 인종차별철폐위원회는 이러한 조처는 어린이의 교육에 대해 차별적인 효과를 낳는 행위의 하나라며 이는 인종차별에 해당한다고 설명하며 일본 정부의 대책을 촉구했었다.

　이런 상황에서 조선학교 운영법인과 졸업생들이 일본 정부가 '고교 수업료 무상화' 대상에서 조선학교를 제외한 것은 차별이라며 시정을 요구한 5건의 항소심에서 원고 측이 모두 패했다. 처음에는 조선학교 학생들도 심사 대상이었지만 2010년 11월 북한의 연평도 포격 사건을 계기로 간 나오토 당시 총리가 조선학교에 대한 지원 적용을 보류했다. 이어 제2차 아베 신조 정권 출범 이후인 2013년 2월 지원 대상에서 조선학교가 제외되는 법령(문부과학성령)이 확정됐다. 이에 반발해 조선학교 측은 도쿄, 나고야(아이치현), 오사카, 히로시마, 후쿠오카 등 일본 전역 5곳에서 소송을 제기한 바 있다. 원고 측은 "권력에 아부한 꼴사나운 판결"이라고 비판했다고 일본의 한 통신이 전했다.

인간은 사회적 존재이다. 감정이입할 수 있고, 사회적으로 활동적인 존재가 되고 싶어 하며, 인정받고 사랑받으려는 욕구를 가지고 있다. 이것이 이른바 '상호주관성이론'이자 '인정이론(認定理論)'이다. 이에 따르면 다른 사람들과의 상호주관적인 접촉을 통해서 자신의 주체성을 의미 있는 방식으로 발전시킬 수 있게 된다. 곧 인간은 사회적인 교류를 통해 비로소 경험하고, 확신과 규범을 발전시키고, 자신이 본래 누구인지 깨닫게 된다.

이처럼 인간의 자기의식이 타인과의 상호작용 관계에서 형성되며, 인간의 삶이 이를 실현하는 과정이라면 인간은 타인의 부정적 반응에 쉽게 상처받는다. 따라서 인정행위란 개인의 성공적 자아실현을 가능하게 함으로써 개인의 삶을 보호한다는 점에서 도덕적이며, 반대로 타인을 무시하는 행위는 개인의 삶을 훼손한다는 점에서 부도덕하다고 할 수 있다. 이렇게 인정행위의 도덕성을 전제한다면 이를 통한 사회비판 역시 가능하다. 왜냐하면 누구를 인정하고 무시하며, 또한 어떤 존재로 인정하는가는 개개인의 임의적 기준에 따라 다양화되는 것이 아니라 그 기준은 일반화할 수 있는 반복적 현상으로 나타나기 때문이다. 이런 점에서 우리는 우리 안에 살고 있는 사회구성원들 중 이주자들을 포함한 외국인들에 대해서 얼마나 인정하고 있을까를 확인하다 보면 우리가 살고 있는 사회의 다문화 인식에 대해 어느 정도 이해할 수 있을 것이다.

연령대별 비교를 중심으로 한국인의 다문화 인식 현황을 분석해 본 바에 의하면, 연령대별로 그리고 외국인을 인정해야 하는 상황별로 상이한 경향이 나타나고 있었다. 즉 외국인 수용 인식에 대한 연령대별 결과를 전반적으로 보면, 30대와 40대는 상대적으로 개방적인 태도를 보이고 있었고, 50대 이상에서는 상대적으로 보수적인 태도를 보이고 있었다. 그리고 동네이웃으로서 인정하는 것에 대해서는 상대적으로 개방적인 태도를 보이고 있으나 결혼으로 맺어지는 친척으로써의 인정에 대해서는 상대적으로 보수적인 인정 태도를 보이고 있었다. 이러한 연령대별 경향성을 볼 때 한국인의 외국인 인정에 대한 태도는 점차적으로 더욱 개방적 태도로 진행되어 나갈 것으로 예상해 볼 수 있다.

그러나 일부의 이런 희망적 전망에도 불구하고 한국사회의 다문화에 대한 적응에서는 적지 않은 굴곡이 발생할 소지가 있어 보인다. 예를 들어 유럽의 다문화주의와 개방성에 관한 연구에서 특히 노동시장에서의 경쟁이 외국인에 대한 부정적 이미지를 강화함으로써 개방성을 약화시키는 경향이 있다는 분석이나왔다. 한국사회에서도 시간적 시차만 존재할 뿐 동일한 경향성을 보여줄 여지는 충분하다고 판단된다. 이럴 경우 한국사회에서도 외국인 혐오증이나 공포증 또는 극우 보수적 행동이 발생할 것으로 예측된다. 또 한국인들의 다문화주의 수용은 미국이나 서유럽 문화·국민과 중국, 동남아권 문화나 국민 사이에 차별적 인정을 하는 등 한국사회의 한계를 보여주고 있었다.

다문화사회와 같이 시민의 문화와 제도가 얼마나 보편적이고 포용적인지는 단지 그 문화와 제도의 내용만 갖고 평가할 수는 없다. 그것은 무엇보다도 '우리'와 '그들'을 나누는 경계선과 깊은 관련을 맺고 있다. 즉 '누가 우리인가(We-ness)'를 정의하는 집단정체성의 문제이다. 다문화사회는 이런 집단정체성 중에서도 특히 국민정체성(national identity)과 관련이 깊을 수밖에 없다. 지금 한국사회는 '제2의 민족 형성기'라고 할 정도로 다국적·다문화 사람들이 뒤섞여 한국인의 새로운 국민정체성을 만들어 가고 있다. 이러한 다문화사회에서의 새로운 국민정체성은 우선은 예를 들어 국방부에서 다문화가정 출신 입영 예정자에게는 동반 입대가 가능한 부대를 확대하고, 각 군 복무규정에 피부색으로 인한 차별금지를 명문화하는 등 '다문화 장병' 대책을 마련하고 있는 것처럼 이전의 우리 한계를 정확히 인식하고 실제직인 방향에서 진전이 이루어가는 제도적 장치들을 확대해야 하겠지만, 근본적으로는 이주민들을 포함한 우리 사회의 모든 구성원들이 일본의 조선학교에서 나타난 것과 같은 비도덕적이고 인권을 침해하는 국민정체성이 아닌 도덕적이고 인간적인 국민정체성을 인정하고 형성해 가는 것이다.

휴가 때 읽기를 권함

나는 어렸을 때 사고를 당해 수술을 하면서 유머 감각이 제거되어 버렸다. 그러나 나는 낙관주의자이기 때문에 여전히 희망을 놓지는 않고 있다. 카드 값과 유머 감각은 반드시 돌아온다고 믿는다. 글은 재미있어야 한다고 생각하는데 이 글이 왜 그런 훌륭한 생각을 따라가지 못하는지는, 앞의 고백으로 일정 부분 설명이 되었다고 본다.

매년 여름은 온다. 여름이 오면 휴가를 즐기는 사람들이 많다. 휴가 중에는 여러 일들을 하겠지만 그중에는 책을 읽는 일도 포함될 수 있다. 매우 한가한 시간이 생겨서 책을 찾고 싶을 경우 혹시라도 도움이 될까 싶어 이 글을 쓴다. '당신이 왜 그런 도움을 주고 싶어 하는데?' 라고 묻는다면 글쎄, 잘 모르겠다. 하여간에 '쓰잘데기 없는 일을 벌이고 보자'는 그런 명랑하고 따뜻한 집안의 가훈이라도 있는 것이겠지, 하고 생각해 주길 바란다.

2001년도 프랑스 출판계를 뒤흔든 사건은 한 권의 소설이 대성 공한 일이었다. 약 60쪽 분량의 이 짧은 소설이 1년 이상 베스트셀러 자리를 놓치지 않은 것은 프랑스 출판계에서도 드문 사건이었다고 한다. 이 책이 2002년 우리나라에서도 번역 출판되었다. 우리나라 말로 번역되어 나온 것을 보니 약 100쪽 분량이다. 저자는 미셸 깽이고, 책 제목은 『처절한 정원』이다. 여기서 다시 한 번 강조하고 싶은 것은 분량만은 아주 홀쭉하다는 사실이다.

짙은 안개가 낀 어느 날 역으로 책 속 '나'를 마중 나와 있던 그의 부친에게 갑자기 죽음의 천사가 찾아와 하늘나라로 데리고 가 버렸다. 그날 그의 부친이 새로 산 챙모자를 쓰고 있어서 천사가 그의 부친을 다른 사람으로 착각하여 저지른 실수였다고 그는 생각한다. 이처럼 그는 부친을 존경하고 사랑하고 있었다. 그러나 전에는 그렇지 않았었다. 그가 어릴 적 그의 아버지는 초등학교 교사이면서 어릿광대였다. 그의 아버지는 아무런 보수를 바라지 않고 누구든 초청하면 달려가 어릿광대가 되어 사람들을 웃기곤 하였다. 그럴 때마다 소년은 아버지가 창피하고 부끄러웠으며 심지어 증오스럽기까지 했다. 그러던 중 그의 아버지가 어릿광대 인생을 살게 된 이유를 그의 삼촌이 설명해 준다.

2차 대전이 한창이던 1942년 말 아버지와 삼촌은 독일군에 저항하던 레지스탕스 요원이었다. 어느 날 두 사람에게 동네 기차역의 변압기를 폭파하라는 명령이 떨어졌고 두 사람은 아주 쉽게 불꽃놀이라도 하듯 성공적으로 명령을 수행했다. 하지만 둘은 곧 독일군에게 잡혀 정원에 파놓은 구덩이에 갇힌다. 두 사람이 잡힌 이유는 폭파범이기 때문이 아니라 변압기 폭파범을 잡기 위한 인질인 것이었다. 구덩이엔 다른 두 명의 인질이 더 있었다. 그들은 사흘 안에 진짜 폭파범을 찾지 못하면 범인 대신 처형당할 위기에 처한 것이다. 비까지 내려 진흙탕이 된 구덩이에서 절망에 빠져 있는 네 사람을 지키기 위해 한 독일군 병사가 와 있었다. 그 독일군 병사는 자신이 먹던 식량을 포로들에게 나눠 주는가 하면 익살과 묘기를 부려서 추위와 공포에 떨던 구덩이 안을 웃음바다로 만들었다. 알고 보니 그 독일군 병사는 본래 직업이 어릿광대였다. 그러다가 느닷없이 네 사람은 죽음의 문턱에서 기적적으로 풀려나는데 그 이유는 진짜 범인이 잡혀 처형당했기 때문이라고 했다. 아버지와 삼촌이 진짜 범인인데 누가 범인으로 잡힌 것일까. 알고 보니 아버지와 삼촌이 변압기를 폭파할 때 그 역의 전기공이 역에 남아 있다가 그 폭발로 큰 화상을 입고 죽어 가고 있었다. 그 전기공은 결혼한 지 한 달밖에

안 된 신혼이었다. 그 전기공과 아내는 그가 죽기 전에 마지막으로 할 수 있는 일을 생각했고, 이에 따라 그의 아내는 남편을 폭파범이라고 고발했다. 그 전기공 역시 자신이 폭파범이라고 말한 뒤 총살당한다. 전쟁이 끝난 후 두 형제는 그 전기공의 집을 찾아간다. 그의 아내가 문을 열었을 때 두 형제는 아무 말이라도 하고 싶었지만 입을 열기만 하면 울음이 터져 나올 것 같아, 이를 꽉 물고 숨을 크게 들이쉬며 바보같이 서 있었다. 그녀는 앞치마 자락으로 눈물을 훔치며 두 형제를 두 팔로 껴안았다. 그 전기공의 아내는 나중에 삼촌과 결혼한다.

그 짧은 소설을 거의 그대로 가져다 놓은 것 아니냐는 의심이 들 정도로 긴 이 글을 보느라고 우선 고생이 많았으리라 생각된다. 하지만 어릿광대 피에로가 왜 모리스 파퐁의 재판이 열리고 있는 법정으로 들어가고자 했는지는 직접 읽어보고, 이 얘기와 현재 우리 사회에서 진행되고 있는 친일재산 환수와는 어떻게 연결되는지 등은 휴가가 남아 있으면 천천히 생각해 보기 바란다. 휴가 때 읽는 권장소설과 관련하여 보훈과는 상관없지만 또 한 권의 책을 추천한다. 혹시 추천한 책이 기대에 어긋났다면 이것으로 보완하고 좋게 끝내자는 의미이다. 엘리자베스 길버트(2007)의 『먹고 기도하고 사랑하라』에서 이탈리아 나폴리를 여행

중인 저자는 그 지방 사람들이 사투리를 쓰는데도 웬일인지 그녀에게는 나폴리 사람들의 말이 이탈리아에서 가장 알아듣기 쉬웠다고 했다. 왜냐고? 그건 설사 그들의 입에서 나오는 말을 전혀 이해하지 못할지라도 그들의 몸동작을 보면 대충 의미를 짐작할 수 있었기 때문이란다. 예를 들어 사촌 오빠의 오토바이 뒷좌석에 탄 채 그녀의 곁을 지나가던 조그만 펑크족 초등학교 여학생처럼. 꼬마는 그녀에게 매력적인 미소와 가운뎃손가락을 날려 보냈고, 그건 이런 의미란다. "이봐요, 특별히 당신이 싫어서 그러는 건 아니에요, 아줌마. 하지만 난 겨우 일곱 살이고, 당신이 머저리라는 건 눈 감고도 알겠어요. 하지만 괜찮아요. 당신 정도면 그럭저럭 무난하고, 난 웃기게 생긴 당신 얼굴이 좋아요. 우린 둘 다 당신이 나처럼 되고 싶어 한다는 거 알지만, 어쩌겠어요. 그건 불가능한걸. 어쨌거나 이게 내 가운뎃손가락이에요. 나폴리에서 좋은 시간 보내요." 이 글을 보는 독자들의 가운뎃손가락이 해운대 해수욕장에 쏟아지는 햇살처럼 눈에 가득하다. 돌이켜보니 부끄러울 정도로 보잘 것 없는 글이다. 괜히 돌이켜봤다는 후회마저 든다. 하여간 휴가 때 읽는 보훈 권장소설을 들었다. 나는 이 책이 휴가철에 읽는 소설로 참 좋았다고 다시 한 번 말하고, 언제 어디에서 휴가를 보내든 좋은 시간 보내기를 빈다.

독도에 대한 인식

일본은『외교청서』(우리니라의『외교백서』에 해당) 능에서 '독도는 일본 땅'이라는 주장을 되풀이하고 있다. 일본 정부는『외교청서』에서 "다케시마(독도의 일본식 명칭)는 역사적 사실은 물론, 국제법상으로도 명백히 일본 고유의 영토라는 일본 정부의 입장은 일관돼 있다"고 주장하고 있다. 이에 대해 우리나라 정부는 성명 등을 통해 "일본 정부가 우리 영토인 독도에 대한 부당한 영유권 주장을 하는 데 대해 강력히 항의하며 이러한 부당한 주장을 즉각 철회할 것을 촉구한다"고 밝히고 있다. 일본이 끊임없이 독도 망언을 이어가는 것은 우리 국민들의 소유권 주장을 부추겨 국제사회에서 독도 문제를 분쟁지역으로 만들려는 속셈에서이다. 독도사랑운동은 좀더 전략적이고 체계적인 국민운동으로의 전환이 필요한 시점이다. 우선 무엇보다도 국민들의 인식 변화를 위해서 독도 바르게 알기 교육이 필요하다. 독도는 전 국민들이 역사적 근거를 알고 논리적으로 설명할 수 있을 때까지 독도사랑운동과 교육을 한층 더 확산시켜 나가야 한다.

10월은 독도의 달이다. 아직 '독도의 날(10월 25일)'과 그 역사적 유래를 모르는 사람이 적지 않다. "독도는 우리 땅"이라고 마음으로 목소리로 수백 번 외치고 시위에 참여한 경험이 있는 사람도 "10월 25일이 왜 독도의 날입니까?" 하고 물으면 꿀 먹은 벙어리가 되기 일쑤다. 2020년은 고종 황제가 독도를 울릉도의 부속섬으로 정한 '대한제국 칙령 제41호(1900년 10월 25일)'를 제정한 지 정확히 120년째 된 해였다. 독도의 날은 1900년 이 날 독도를 울릉도의 부속섬으로 명시한 것을 기념하기 위하여 제정한 날이다. 2000년 민간단체인 독도수호대가 독도의 날을 지정하고 2005년부터 국가기념일 제정을 위하여 서명운동을 시작하였다. 2008년 8월에 독도의 날 제정을 위한 법안이 국회에 제출되었고, 2010년 한국교원단체총연합회(한국교총)에서 16개 시·도 교총, 우리역사교육연구회, 한국청소년연맹, 독도학회와 공동 주체로 경술국치 100주년을 맞아 전국 단위 독도의 날을 선포하였다. 독도의 날 지정은 독도가 대한민국의 영토임을 널리 알리고 강력한 독도수호 의지를 세계 각국에 드러내기 위한 것이다. 한편, 경상북도 의회는 2005년 6월 9일 독도의 달 조례안을 가결하여 매년 10월을 독도의 달로 정하였다. 그리고 2012년 10월 28일 국가해양부는 국가지명위원회를 통해 공식적으로 동도의 봉우리를 우산봉, 서도의 봉우리를 대한봉이라 명명하였고, 바위로 분류되던 것은 탕건봉으로 재분류해 독도는 3개의 봉우리를 가진 섬이 되었다. 반면 일본은 매년 2월 22일이 되면 시마네현 주최로 독도를 죽도(다케시마)라 강제 개명한 '죽도(다케시마)의 날' 기념식을 한다.

이러한 예에서도 볼 수 있듯이 독도는 그 자체로서 군사안보적 가치, 경제적 가치, 생태환경적 가치를 지니는 것뿐만 아니라, 우리 국민에게는 주권의 상징으로서 국토수호 의지와 애국심을 고양시키는 해양영토로서의 가치를 지니고 있다. 그럼에도 일본 정부가 독도 영유권 주장으로 역사적으로나 지리적으로 가장 가까운 이웃나라 국민에게 과거의 불행했던 기억을 되살리게 하며, 자국의 욕심만 채우는 제국주의 국가로 기억되게 하는 것은 일본으로서도 불행한 일일 것이다. 일본 정부가 독도 영유권 주장을 계속하는 한 과거 한반도와 동아시아에 드리워졌던 제국주의 일본의 상흔은 지울 수 없게 된다. 독도는 바른 역사인식의 가늠자이며, 미래 동아시아 지역관계의 시금석이라고 할 수 있겠다. 이와 같은 의미에서 독도 문제는 우리뿐만 아니라 일본·중국 등 동아시아 이웃국가들에게도 매우 중요한 문제이다. 또한 독도 문제는 역사인식에서 동아시아 지역 협력에 이르는 과거와 현재·미래가 모두 걸려 있는 문제이기도 하다.

현재 독도와 관련한 우리나라와 일본 간의 영유권에 대한 각자의 입장을 보면, 먼저 일본은 한국의 고유 영토인 독도에 대해 여전히 자기 영토라고 강변하면서 영유권을 주장하고 있다. 일본 측의 논리는 기본적으로 일본이 예로부터 독도의 존재를 알고 있었고, 늦어도 17세기 중반에 영유권을 확립했으며, 1905년 근대법적으로 독도를 시마네현(島根縣)에 편입함으로 독도에 대한 영유권을 재확인했고, 패전 후 1952년에 발효된 샌프란시스코 평화조약에서 일본이 포기해야 할 한국 영토 조항에서 독도가 포함되지 않았으므로 독도는 일본 영토로 남아 있다는 것이다.

이에 대한 우리의 입장은 일본의 이런 논리는 핵심적인 자료를 자의적으로 해석하면서 자국민과 세계인을 기만하는 억측일 뿐이라는 것이다. 이와 관련하여 일본 측 논리의 오류를 지적하자면, 기본적으로 일본은 17세기 말에 독도가 자국의 영토가 아니라고 확인했고, 1870년과 1877년 두 번에 걸쳐 독도는 일본 영토가 아니라 조선 영토라고 재확인했다. 그러나 일본은 1905년에 그런 역사적 사실은 부정하고 독도를 무명(無名)이자 무주지(無主地)로 주장하며 시마네현에 강제로 편입시켰다. 이러한 논리 자체가 고유영토설에 위배되는 것이므로 그들은 후에 무주지 선점을 고유영토 재확인으로 말을 바꾸었으나 앞에서 거론한 대로 독도가 일본 영토가 아니라는 확인만이 있을 뿐이다. 샌프란시스코 평화조약에서도 독도는 일본 영토에서 확실히 제외되었으며, 미 국무성과는 달리 영연방의 입장은 '독도는 한국 영토'라는 것이었다. 미국과 영연방의 타협에 의해 독도에 대한 언급이 없어진 것이지 일본 영토로 인정된 것은 아니다. 결국 일본은 자국 논리의 오류를 증명하는 결정적 증거들을 억지로 부정하면서까지 과거 제국주의적 발상으로 독도 영유권을 지금도 주장하고 있는 것이다.

위에서도 일부 거론되었듯이 한국 국민의 독도 영유권에 대한 인식은 매우 복합적인 의미를 갖고 있지만 특히 여기에서는 국민으로서의 자긍심과 관련하여 그중요성을 강조하고 싶다. 공동체의식, 자발적 헌신성, 애국심 등 국가 유지와 발전에 꼭 필요한 덕목을 함양하는 기능을 하는 것이 국가정책이고 특히 보훈정책의 목표라고 할 수 있다. 그리고 그중심에는 국민으로서의 자긍심이 가장 근본적인 요소로서 작용하고 있다. 그러므로정부는 국민들이 국가공동체의 일원으로서의 자긍심을 더욱 느낄 수 있는 환경을 조성하여 민·관을 포함한 모든 개개인들이 공동체와 국민 전체를 위한 섬김과 헌신을 다할 수 있도록 하는 국민적 분위기를 조성하고 있다. 이러한 국민으로서의 자긍심은 애국심(patriotism)이나 민족주의(nationalism)와 관련이 있다. 애국심은 자기가 속해 있는 나라를 사랑하고 그 사랑을 바탕으로 국가에 대하여 헌신하려는 의식·신념으로서, 전체 국민의 이익을 대표하는 국가에서의 진정한 애국심은 직장이나 가족·향토에 대한 애정과 모순됨이 없이 결부되어 평화적 성격을 지닌다.

  그러므로 자국 국민으로서의 자긍심이 결여된다면 이런 바람은 모두 무의미해질 것이다. 이런 점에서 한국 국민의 독도 영유권 인식과 관련한 주요 연구들을 검토해 보면 독도 영유권 분쟁의 해결은 독도의 고유한 가치도 중요하지만, 한국 국민의 자존심과 명예와 국민감정이 깊이 연계되어 있으므로 단호하면서도 체계적인 정책대응이 필요하며, 이러한 측면에서 독도를 우리의 영토라고 주장하기 이전에 국제적으로 한국의 영토임을 인정받기 위한 치밀한 연구와 준비가 필요함을 알 수 있게 하고 있다. 이와 함께 독도 문제에 대한 종합적인 대응 방안 외에도 독도를 포함한 이 지역에서의 평화적인 공동 발전에 대한 방안 연구도

동시에 진행되어야 우리와 이웃 국가의 지속적인 발전을 담보할
수 있음을 알 수 있게 한다.

이렇게 독도의 날 지정과 관련 시설 설치 등 다양한 노력들이
있는데 실제 우리 국민들의 독도에 대한 인식, 특히 독도 영유권
에 대한 인식은 어떤 수준에 있을까? 이와 관련하여 기존에 수행
된 연구 중에 '어떠한 대가를 치르더라도 독도 영유권은 지켜야
한다'라는 질문을 이용한 답변을 통해 우리 국민들의 독도 영유
권 인식 현황을 살펴본 연구가 있다. 답변 비율을 보면 우선 '매
우 그렇다'고 답한 비율이 전체 답변자의 49.3%를 차지하였다.
다음으로 '대체로 그렇다'고 답한 비율이 전체 답변자의 37.8%
를 차지하였다. 한국 국민 10명 중 약 9명이 어떠한 대가를 치르
더라도 독도의 영유권은 지켜야 한다는 주장에 동조하고 있음
을 알 수 있다. 반면 '별로 그렇지 않다'고 답한 비율은 전체 답변
자의 12.0%를 차지하였으며, '전혀 그렇지 않다'고 답한 비율은
전체 답변자의 0.9%를 차지하였다. 한국 국민의 많은 수가 독도
영유권에 대해 매우 명확한 지지 입장을 보이고 있음을 확인할
수 있다. 이렇듯 조사대상자의 약 87%가 독도의 영유권은 반드
시 지켜야 한다는 입장에 동의하고 있는 점 등을 통해 볼 때 한
국 국민의 절대 다수가 독도 영유권에 대해 매우 명확한 지지 입

장을 보이고 있음을 볼 수 있다. 이와 함께 한국 국민은 연령 등 사회경제학적 입장과 관련 없이 독도 영유권에 대한 인식에서는 동질적인 경향을 보이고 있음도 같이 확인할 수 있다.

독도는 약 460만 년 전에서 250만 년 전 사이에 해저의 화산폭발로 형성된 섬이다. 이러한 역사 이래 지금까지 독도는 우리 민족과 함께한 대한민국의 영토이다. 그러나 일본은 한국을 식민지화하는 과정에서 독도를 강탈한 적이 있고, 해방 후부터 지금까지 독도를 일본의 고유한 영토라고 우기고 있다. 또한 최근에는 일본의 다음 세대를 짊어지고 나갈 초·중·고 학생들이 독도를 일본의 영토로 교육받고 있다. 이러한 조처들에 대해 우리 정부에서는 우리 영토에 대한 어떠한 부당한 주장도 결코 용납하지 않을 것을 강력하게 밝히고 있으며, 일본 내에서의 왜곡된 교육은 일본 청소년들에게 그릇된 역사인식을 심어주어 양국관계 발전에 바람직하지 않은 결과를 초래할 것이라는 점을 거론하며 거듭 시정을 촉구하고 있다. 이와 함께 국내적으로도 여러 다양한 활동을 하고 있는데, 예를 들어 국가보훈처는 2013년 2월 말에 독립기념관에서 독도학교 개교식을 거행했다. 독도학교는 일본의 독도영유권 주장에 대응하여 독도의 올바른 지식을 국민들에게 체계적으로 제공함으로써 독도가 우리 영토임을 인식시키고, 체계적인 역사 체험학습을 통한 국민들의 나라사랑 정신 및 영토 주권의식 함양을 제고하기 위해 개교하게 되었다. 또 2017년 10월 27일에는 경상북도 울릉군 북면 석포길 447-8(석포 정상)에 독도의용수비대기념관이 개관하였다. 이 시설은 독도를 지켜낸 독도의용수비대의 헌신을 기리고 국토수호 정신을 계승하기 위해 국민의 정성을 모아 건립한 것이다. 이 기념관 1층에는 상설전시실과 세미나실이 갖춰져 있으며, 2층에는 기획전시실, 영상실, 체험관 등이 설치돼 있다. 그리고 야외 호국광장, 독도전망대, 야영장 등도 딸려 있다.

　이 글의 분석 결과에서도 볼 수 있듯이 조사대상자의 87%가 독도 영유권은 반드시 지켜야 한다는 입장에 대해 동의하고 있는 점 등을 통해 볼 때 한국 국민의 절대 다수가 독도 영유권을 매우 명확하게 지지하는 입장이라는 점을 확인할 수 있었다. 그리고 이와 더불어 동아시아 지역공동체 형성에 관한 인식과 독도 영유권에 대한 인식은 상당한 관련성이 있음을 확인할 수 있었다. 즉 독도 문제는 동아시아 공동체 형성이라는 미래의 중대사항에 대해 부정적 영향을 줄 것으로 예상되고 있다. 이러한 점에서 지역협력과 같이 공동의 이익을 위한 문제에 독도 영유권이 걸림돌이 되지 않게 하는 바람직한 해결방안의 필요성을 다시 한 번 확인할 수 있었다.

　이 글에서도 일부 확인할 수 있듯이 독도 문제는 동아시아의 미래와도 밀접한 연관이 있다. 그러므로앞으로는 독도 문제 등 동아시아에서의 영토 문제에 관한 현실주의적인 해법을 찾아야만 할 것이다. 독도 문제에서 1905년 1월 일본의 독도 점유는 조선 침략을 시작하면서 5년 뒤의 강압적인 한국 병합을 위한 전조로 행해졌다는 점에 의의가 있다. 일본으로서는 이 주장을 논박하는 것은 불가능하다. 그리고 이 주장에 따른 독도 지배는 우리로서는 절대 철회할 수 없는 일이다. 이렇듯 독도 문제는 일본군 위안부 등 여전히 미해결 상태인 다른 과거사 문제 청산 작업과 동시에 진행돼야 할 것이다. 그리고 이젠 이런 문제를 인정한 뒤 대화와 협상에 나서지 않으면 쌍방 모두 심대한 손실을 입게 될 상황에 처하고 있다. 이런 상황에서도 역사의 진실은 결코 외면해서는 안 되기 때문에 근본적으로는 일본의 결자해지(結者解之)를 촉구할 수밖에 없다. 즉 한국이 실효 지배하는 독도에 대한 주권 주장을 일본이 단념하는 것밖에는 다른 길이 없을 것이다. 그렇지 않고 현재처럼 전망 없는 주장을 계속한다면 한·일 관계, 한국인과 일본인의 감정은 점점 더 악화되는 상황만이 있을 것이기 때문이다.

보훈과 헌법

7월 17일은 제헌절이다. 제헌절을 기하여 각자 한 번 헌법을 읽어보자고 한다면 부담이 될까? 처음에는 망설여졌으나 막상 해 보니 큰 부담은 없었다. 헌법이라고 하면 두툼한 책 한 권 분량을 떠올릴 독자도 있겠지만 헌법 전문(全文)이라 해 봤자 몇 페이지 팸플릿 수준이라 한 번에 일독할 수 있는 정도이다. 왜 이런 제안을 하느냐면 국가에서 모든 것의 기본이 되는 규범이 헌법이기 때문에 헌법을 읽고, 헌법대로 하면 우리 사회의 여러 문제를 해결할 길을 찾을 수 있다고 보기 때문이다. 즉 대한민국 국민이라면 대한민국 헌법을 한 번 읽어봐야 마땅하다고 생각한다. 헌법은 국민의 권리와 의무를 알려줄 뿐 아니라 대한민국 공동체의 일원으로서의 정치적 성찰을 북돋운다. 참고로 헌법은 전문(前文)과 본문 130조, 부칙 6조로 이루어져 있다. 더욱 구체적인 구성은 전문(前文), 제1장 총강, 제2장 국민의 권리와 의무, 제3장 국회, 제4장 정부, 제5장 법원, 제6장 헌법재판소, 제7장 선거관리, 제8장 지방자치, 제9장 경제, 제10장 헌법 개정 등이다.

문건이 얇건 두껍건 간에 꼭 읽어 보는 부분은 역시 가장 앞 장이다. 헌법의 가장 앞 장인 전문(前文)은 특히나 중요하다고 할 수 있겠다. 전문을 보면 유구한 역사와 전통에 빛나는 우리 대한국민은 3·1운동으로 건립된 대한민국임시정부의 법통과 불의에 항거한 4·19 민주이념을 계승하고 있음을 명시하고 있다. 또 조국의 민주개혁과 평화적 통일의 사명에 입각하여 정의·인도와 동포애로써 민족의 단결을 공고히 하고, 모든 사회적 폐습과 불의를 타파하며, 자율과 조화를 바탕으로 자유민주적 기본질서를 더욱 확고히 하자고 하고 있다. 다 동의할 수 있고 따르고자 할 의욕이 생기는 구절들이라고 본다.

그런데 이런 전문을 보면 현재의 우리 대한민국과 헌법은 국권회복을 위해 헌신한 순국선열, 애국지사 등 독립유공자와 조국을 수호하기 위하여 산화한 전몰군경 등 호국유공자, 그리고 불의에 대한 민권(民權)의 승리를 의미하는 것으로서 주권재민(主權在民)의 민주주의 원리를 입증한 4·19혁명 사망자 등 민주화유공자들에게 크게 빚지고 있음을 알게 된다.

헌법은 전문(前文) 이후에는 앞에서 말한 대로 각 영역으로 나누어 전개하고 있다. 다른 영역에 앞서 우선 우리 모두 국민의 일원이기 때문에 제2장 '국민의 권리와 의무'를 읽어 본다. 이 부분을 읽어 내려가다 보면 제32조에 이르게 된다. 이 조 ⑥항에 보면 '국가유공자·상이군경 및 전몰군경의 유가족은 법률이 정하는 바에 의하여 우선적으로 근로의 기회를 부여받는다.'는 구절을 접하게 된다. 앞에서 오늘의 대한민국과 헌법은 특히 독립유공자·호국유공자·민주화유공자들에게 빚지고 있다는 말을 하였다. 이러한 사실에 대해 헌법은 이들의 고마움을 잊지 않고 국민의 권리와 의무에서 이들에 대한 예우 및 지원을 명시하고 있음을 알게 된다. 즉 대한민국과 헌법의 오늘은 국가를 위하여 희생하거나 공헌한 분들의 숭고한 정신 위에 이룩된 것이므로 우리와 우리 후손들이 그 정신을 기억하고 선양하며, 이를 정신적 토대로 삼아 국민통합과 국가 발전에 기여해야 할 것임을 천명하고 있다. 그리고 이를 위하여 국가와 지방자치단체는 희생·공헌자의 공훈과 나라사랑정신을 선양하고, 보훈대상자를 예우하는 기반을 조성하는 데 노력하고 있는 것이다.

대한민국 헌법을 지키는 것은 대한민국 국민 모두의 의무다.

가정에서, 사회에서 헌법에서 말하고 있는 대로 우리들과 우리들의 자손의 안전과 자유와 행복을 영원히 확보할 수 있도록 노력하는 것 역시 국민의 의무다. 그러려면 우선 이런 대한민국을 지켜내고 유지하는 데 헌신을 다한 국가유공자들을 희생을 다시 한 번 되짚어 봐야 할 것이다. 7월은 헌법의 달과 더불어 헌법을 지켜 나간 국가유공자와 보훈의 달이기도 할 것이다.

순국선열의 뜻과 백두산 천지

문재인 대통령은 2020년 10월 통일 30주년을 맞는 독일의 앙
겔라 메르켈 총리와 통화에서 "독일 통일 30주년을 진심으로 축
하드린다"며 "한반도 평화와 통일을 희망하는 우리 국민들에게
도 많은 영감을 주는 의미 있는 날"이라고 했다. 이런 독일과 관
련한 경험으로 오래전 유럽 여행을 간 일이 있었다. 그때 독일의
베를린에도 갔었다. 베를린의 여러 명소를 둘러보다가 어렵게
한때 동·서독을 갈라놓은 장벽의 관문이었던 '체크포인트 찰리'
를 찾았다. 체크포인트 찰리는 뜻밖에도 번화한 도심 상가에 둘
러싸인 곳이었지만 도로변 장벽박물관과 더불어 관광객들이 여
럿 있었다. 독일이 통일된 이후에도 여전히 분단 상태인 조국을
두고 있는 처지에서 이곳을 아마 어떤 신화적 이미지를 갖고 찾
아 갔던 것 같다. 그러나 막상 현장을 보고는 솔직히 실망을 많

이 했었다. 그럼에도 이곳을 찾는 방문객이 계속해서 증가하는 추세라는 것에 놀란다. 그리고 이곳에서는 가이드 투어 등 다양한 교육 프로그램을 운영한다고 한다. 특히 1961과 1989라는 두 개의 숫자가 매개체가 되고 있는데, 1961은 베를린장벽이 세워진 해로 '과거를 잊지 말자'는 뜻이, 1989는 장벽이 무너진 해로 '희망을 포기하지 말자'는 메시지가 담겨 있다고 한다.

10년 전에 초등학교·중학교 선생님들을 모시고 순국선열들과 애국지사들의 얼과 혼이 깃들어 있는 만주지역의 독립운동 사적지를 탐방하고 올 기회가 있었다. 보훈교육연구원은 국가유공자 및 보훈가족을 위한 연수교육, 보훈정신 계승 발전과 민족정기 선양을 위한 교육 및 보훈정책 연구 등을 수행하는 기관이다. 보훈교육연구원은 이를 위하여 다양한 교육과정을 운영하고 있는데 이 중 하나가 '초·중등 교원 나라사랑 선양 직무연수' 과정이다. 이 과정의 연장선상에서 국외 독립운동 사적지 탐방이 있고, 당시에는 총 5차에 걸쳐 이루어졌다. 그 마지막 5차 탐방단의 일원으로 참가한 것이다. 2010년 8월 2일부터 7일까지 이어진 일정에서는 단동(丹東), 집안(集安), 통화(通化), 해림(海林) 등 19세기부터 20세기에 걸쳐 우리 선조들의 삶의 현장이자 항일 독립운동의 요람들을 직접 밟아볼 수 있었다. 독립운동 사적지 탐방의 모든 과정이 나름대로의 충분한 의미와 감흥을 주었지만 여기에서는 특히 단동과 백두산 천지(天池)에서의 소회를 남기고 싶다.

독립운동 사적지 탐방은 안중근 의사 순국지인 여순(旅順)에서 출발하여 그날 늦은 밤에 단동에 도착했고, 다음 날 아침 날이 밝자 압록강변으로 향했다. 여기서 목격한 잊지 못할 장면 속에는 끊어진 압록강 철교가 있다. 입장권을 사서 들어가 보니 중국과 북한을 연결하고 있던 이 철교 끝으로 누군가 북한 쪽을 향해 막 달려가고 있었다. 중국인인지 한국인인지 확인할 수는 없었지만 뭔가 특별한 일이 발생하지는 않을까 내심 기대가 커졌다. 덩달아 내달려 가 보니 북한 쪽으로 뻗어 있는 다리는 앞에서 말한 대로 '끊어진' 다리임이 직접 확인되고 있었다. 그래서 그랬는지 지키는 군인들이 없었던가 보다. 그 사람은 그 길을 되돌아오면서 무슨 생각을 했는지 모르겠지만 나에게는 많은 생각을 하게 했던 시간이었다. 아마 우리가 독일처럼 평화적으로 통일을 이루었다면 당연히 돌아 나올 수밖에 없는 길에서 이처럼 많은 생각을 하지는 않았을 것이다. 갈 수 있는 곳이었다면 이처럼 갈 수 없음에 안타깝지 않았을 것이다.

버스를 타고 압록강변을 따라 북쪽으로 조금 더 올라가다 보니 강폭이 좁아지는 곳이 있었다. 여기 사람 말이 한 걸음이면

건너갈 수 있는 정도라고 한다. 중국인들의 허풍을 그대로 믿을 수는 없지만 정말 지척에 북한 땅이 있었다. 통화를 향해 가는 길에는 인가가 드문 구릉길을 거쳐 갔다. 지나는 길에는 '밤나무 골 가든', '평양산장' 등 한글로 된 간판들이 자주 눈에 보인다. 특히나 인가라고는 보이지 않는 곳에 '백성들의 상점'이라는 간판도 있었다. 아마 이 글을 보는 독자들은 그동안 허물어져 이제는 없을 것이라고 생각해도 될 정도로 허름한 가게였다. 그 이름을 볼 백성이 그 근처에 있을까? 하는 의심은 있었지만 그래도 훌륭한 뜻을 갖고 있는 것만은 확실하다. 중국 길림성(吉林省) 동부에 있는 연변조선족자치주에서는 이처럼 도로안내판이나 간판들에 먼저 한글을 쓰고 이어 중국어를 병기하고 있었다. 이 지역의 우리 동포들이 한글을 포함한 민족문화를 지키기 위해 얼마나 애쓰고 있는지 절절히 느낄 수 있는 기회였다.

독립운동 사적지 탐방을 떠나기 전에 이 탐방 참가자들의 만족도는 백두산 천지를 볼 수 있느냐 없느냐에 달려 있다는 얘기를 들었다. 백두산 천지에 오르기 전날 재중동포 가이드가 백두산 신령의 아내는 매우 질투심이 강해서 예쁜 척하는 여자가 오면 천지를 보여주지 않는다는 얘기를 했었다. 그래서 오르는 당일은 가급적 안 예쁜 척 맨 얼굴로 나오라는 말도 하였다. 이 말에 충실하게 따라주신 여자 선생님들에게 이 자리를 빌려서 다시 한 번 감사드린다. 백두산 영내에 들어서자 내부에서만 운행하는 자체 버스로 갈아타야 했다. 운행버스는 아마 각국 언어로 녹음된 안내방송을 해 주는 것 같았다. 우리의 경우 한국어로 된 안내방송을 들을 수 있었다. 안내방송 내용은 충실했으며, 몇 번이나 반복되는지 세다가 중간에서 포기한 '그 이름도 유명한' 천지에 대해 예찬하고 있었다. 반팔 셔츠를 입고 천지로 올라가는데 중국인으로 보이는 한 가족이 나는 한 겨울에도 입어 보지 못한 외투를 입고 오르고 있었다. 백두산 영내에 진입했을 때부터 심상치 않던 안개는 천지에 한 걸음씩 가까워질수록 더욱 짙어졌다. 좀 앞서 가는 사람들의 모습도 안 보일 정도로 짙은 안개였다.

천지가 있다는 곳에 도착하니 발밑으로는 오직 하얀 물안개만이 보였다. 실망이 컸지만 정신을 수습하여 주위에 계신 몇몇 선생님들과 중요한 행사를 거행했다. 우선 비록 한라산 백록담에서 직접 퍼온 물을 아니었지만 한라산 백록담과 같은 성분의 물이라고 생각하고 싶은 생수병의 물을 천지에 합수(合水)하는 의식을 나름대로 엄숙하고 장엄하게 진행했다. 다음으로 서로 어깨를 걸고 '우리의 소원은 통일'을 합창하자, 나중에 다른 사람들에게 확인한 결과 착오인 것이 확실히 밝혀졌지만, 당시 내 눈앞에서는 기적이 일어나고 있었다. 아주 짧은 순간이었지만 그 짙은 안개가 걷히고 천지가 장엄한 모습을 보여주는 것만 같았다. 얼굴에서는 안개물인지 눈물인지 알 수 없는 액체가 흘러내리고 있었다.

독립운동 사적지 탐방의 만족도를 결정한다는 중요한 조건을 충족하지 못한 상태에서 다음 일정을 포기하고 다시 천지에 올라보자는 몇몇 선생님들의 건의를 애써 잠재우고, 다음 날 발해(渤海) 동경성(東京城) 유적지를 향했다. 동경성 유적지로 들어가는 초입에는 중국 정부 간부들을 태운 차량들이 경찰의 에스코트를 받으면서 나오고 있었다. '우리 탐방단은 지금 우리 역사의 현장으로 들어가고 있다고 얘기하고 있는데, 그들은 그곳에서 어떤 얘기들을 하고 있었을까? 무슨 문제가 있는 것인가? 어떻게 해결해야 하는가?' 등으로 천지 못지않게 머리를 아프게 하는 현장이었다. 이 외에도 1909년 10월 26일 안중근 의사의 거사가 이루어진 하얼빈(哈爾濱) 등지를 돌아보고 당시 독립운동 사적지 탐방은 마무리되었다.

탐방을 마치고 귀국한 후 결과보고서를 작성하고, 몇몇 선생님들과 뒤풀이 모임을 하면서 계속해서 이번 독립운동 사적지 탐방의 의미를 생각해 보게 되었다. 예를 들어 왜 나를 포함한 사람들이 백두산 천지를 보는 것에 대해 그렇게 큰 의미를 부여했는지, 그리고 특히 순국열사와 애국지사들이 모진 역경을 헤치고 목숨까지도 희생해 가며 이루고자 했던 뜻을 오늘 어떻게 이해해야 하는지 생각해 보아야만 할 것 같았다.

순국열사와 애국지사들이 공통적으로 품었던 뜻은 아마도 김구 선생의 〈나의 소원〉에서 중요한 단서를 얻을 수 있을 것 같다. 김구 선생은 "네 소원(所願)이 무엇이냐? 하고 하느님이 물으시면, 서슴지 않고 나의 소원은 우리나라 대한의 완전한 자주독립(自主獨立)이오."라고 대답할 것이라고 하였다. 그리고 완전한 자주독립 이후의 모습에 대해서는 "우리나라가 세계에서 가장 아름다운 나라가 되기를 원한다."고 하셨다. 여기에서의 아름다운 나라는 부강한 나라만을 의미하는 것이 아니라 높은 문화의 힘을 가진 나라를 의미한다. 그리고 높은 문화의 힘이란 우리 자신을 행복하게 하고, 나아가서 남에게 행복을 주는 힘을 의미한다. 그래서 진정한 세계의 평화가 우리나라에서, 우리나라로 말미암아 세계에 실현되기를 원했다. 이런 나라의 모습은 안중근 의사의 동양평화론에서도 그리던 모습이라고 생각한다. 안중근 의사는 세계 각국이 제국주의를 추구하고 모방하면서 이전투구를 벌이던 110여 년 전, 민족을 넘어 인류 공동체의 평화를 염두에 두었던 선각자이기도 했던 것이다. 이를 위해서 얼마 남지 않은 생의 마지막 날들을 한국과 중국과 일본이 약육강식을 넘어 공동번영을 모색하는 상생의 길을 추구하는 방법에 대해서 고민하였다.

이에 대한 해답으로 안중근 의사는 한·중·일 3국이 참여하는 동양평화회의를 설치할 것, 3국 공동 은행을 만들어 공용 화폐를 발행할 것, 3국의 젊은이들로 공동 군대를 편성하고 상대방의 언어를 가르칠 것, 한국과 중국은 서양 문물을 받아들이는 데 앞서 있던 일본의 지도 아래 상공업 발전을 꾀할 것 등 구체적인 방안도 제시했다. 즉 안중근 의사가 뜻했던 동양평화 또는 세계평화는 김구 선생이 뜻했던 완전한 자주독립 후의 아름다운 문화의 나라가 지향하는 목표였다고 판단한다. 그러나 안중근 의사와 김구 선생이 품었던 뜻이 100여 년이 흐른 지금도 여물지 못하고 있고, 한·중·일 공동 역사교과서 편찬, 한·중·일 공동시장 창설 등이 초보적 수준에서 벗어나지 못하고 있는 것은 한·중·일 3국이 지난 100여년의 아픈 역사를 통해 얻은 교훈을 아직 실천하지 못하고 있다는 자책으로 돌아올 수밖에 없을 것이다.

김구 선생이나 안중근 의사가 품었던 뜻이 100년이 지난 지금도 요원해 보이는 것은 무엇 때문일까? 이는 김구 선생의 소원인 우리나라의 완전한 자주독립이 온전히 달성되지 못해서라고 본다. 김구 선생이 〈나의 소원〉을 발표한 뜻은 동포들이 통일 독립의 민주국가 건설의 자주적 민족철학과 사상을 정립하는 데 참고와 자극을 주기 위한 것이었다. 그는 1947년 11월 유엔 감시 아래 남북선거에 의한 정부수립 결의안을 지지하며 이 글을 발표했다. 그의 뜻에 따라 보거나 그렇지 않고 단순히 현재 상황만을 보더라도 우리는 해방 이후 75년 동안 계속해서 분단된 상태로 남북한이 각각 불완전한 독립을 유지하고 있다. 우리나라의 완전한 자주독립에 필요한 조건 중 하나가 바로 민족의 통일이기 때문이다. 이러한 민족적 미해결 과제에 대한 심리적 갈증이 우리 탐방단 일원들에게도 나타나 백두산 천지에 대해서 그렇게 큰 의미를 부여했다고 판단한다. 우리 탐방단은 천지를 보고 싶은 것이 아니라, 천지를 통하여 통일의 의미를 되새기려는 것이었다고 생각한다. 천지에 오르는 길이 험했던 것이 아니라 분단의 상태로는 아름다운 문화의 나라와 세계평화에 이르는 길이 험하다는 것을 느끼는 계기였다는 것이다.

　1989년 동독의 체제 변혁 운동은 1990년 10월 3일 구동독이 구서독에 가입하는 형식을 취한 동·서독의 제도적 통일로 일단락을 맺었다. 그러나 당시 전 세계인들은 독일의 통일을 한국의 통일보다 훨씬 요원한 일로 보았다. 실제로 막상 독일 통일 논의가 수면 위로 떠올랐을 때 러시아는 물론 영국과 프랑스의 반응도 한결같이 부정적이었다. 독일 통일을 지지하지 않는 주변국 또는 승전국의 태도를 변화시킨 것은 다름 아니라 당시 독일 국민들의 통일 열망이었다. 동독에서는 매일 수십만 명이 거리에 나와 '우리는 한 민족이다'를 외치고 있었고, 서독에서는 1960년대 말 동방정책이 시작되면서 가시적으로는 비록 '통일'이라는 단어를 사용하지 않았지만 동독에 대하여 막대한 경제지원을 변함없이 진행하고 있었다. 이런 모습을 보면서 프랑스, 영국은 물론 소련마저도 독일 통일을 승인하지 않을 수 없었다. 그러한 변화는 독일이 과거의 부정적 유산을 청산하고, 유럽 및 세계에 대해 독일이 할 수 있는 평화적 가치를 실현하는 데 적극적으로 나서도록 하기 위해서는 통일이 필요하다는 데 대해 독일국민들은 물론이고 전승국들도 동감했기 때문이었다. 이러한 논리는 독일에서 보다 한반도에서 더욱 요구되어지고 있는 것이다. 그리고 30년 전 동·서독 시민들이 해냈다면, 지금 우리도 할 수 있으며, 마땅히 해야 할 것이다.

「독립유공자예우에 관한 법률」을 보면, 대한민국 임시정부의 법통을 계승한 대한민국은 독립유공자의 희생과 공헌을 바탕으로 이룩된 것이므로 이러한 희생과 공헌이 우리와 우리 자손들에게 숭고한 애국정신의 귀감으로서 항구적으로 존중되어야 한다고 규정하고 있다. 그리고 이를 통하여 국민의 애국정신을 길러 민족정기를 선양함을 목적으로 하고 있다. 즉 순국선열과 애국지사들의 목숨을 건 투쟁이 없었다면 지금의 우리도, 앞으로의 우리도, 그리고 물론 이런 탐방도 없었을 것이다. 강제된 병합 110주년이며, 온갖 희생으로 되찾은 광복이었지만 결국 분단으로 이어진 미완의 해방 75주년인 2020년도에도 순국선열들의 뜻을 어떻게 실현할 수 있을까 되짚어 보는 노력을 해 보아야 할 것 같다.

외국의 보훈교육

국가를 위해 몸 바친 영웅들은 죽어서도 나라를 위해 헌신한다. 그들이 국가를 위해 살신성인한 그 애국적 행위들이 오늘을 살아가는 국민들을 하나로 이어 주고 반목과 질시에서 화해와 통합으로 이끌어 준다. 보훈은 공동체의 성원이 행한 국가를 위한 공헌과 희생에 대한 보답 행위이다. 이런 의미에서 보훈정책은 국가가 반드시 해결해야 하는 중요한 정책 문제로 자리매김 죄고 세계 대부분의 나라에서 보훈사업을 국가가 담당해야 하는 중요한 사업의 하나로 인식하고 발전시켜 왔다. 그리고 보훈교육은 나라사랑정신, 곧 애국심을 함양하는 기제이기 때문에 보훈의 핵심적 영역이 된다. 보훈문화를 성공적으로 정착시키는 것이 중요한 사회적 과제가 되고 있는 우리는 다른 나라의 보훈문화를 살펴볼 필요가 있고, 그중에서도 보훈문화의 가장 중요한 뿌리가 되는 보훈교육을 알아볼 필요가 있다. 이에 여기에서는 세계 주요 보훈 선진국의 보훈교육 현황을 알아보는데, 특히 미국, 캐나다, 호주, 프랑스 등의 보훈교육이 우리에게 주는 시사점을 찾아본다.

먼저 미국의 경우를 보면, 미국은 보훈교육과 관련하여 보훈 기념일을 중요한 기제로 삼고, 이를 경축일로서 기념하는 동시에 자연스런 교육의 장으로 활용한다. 20세기 초에 학생들에게 애국심을 심어주기 위한 수단의 하나로 스키너(Skinner)는 '애국심 매뉴얼'을 제시했다. 이 매뉴얼에는 애국적 맹세, 국기·경축일에 대한 설명, 건국 역사, 애국가 등이 수록되어 있었다. 이 자료에서는 학교가 '애국심 양성소'가 되어야 하며, 각 학교에서 적극적으로 보훈교육을 행할 것을 권장하고 있다.

지금도 미국의 많은 학교에서는 매일 아침 '충성의 맹세'나 '국기에 대한 경례'와 같은 애국심 고취의식을 행하고 있다. 이러한 의식을 통해 학생들은 소속감과 국가에 대한 자부심을 길러 간다. 이와 같이 학교는 애국심을 함양하는 기능을 수행하고 많은 학생들의 애국심에 긍정적 영향을 미치고 있다. 미국은 각급 학교의 보훈교육과 더불어 문화를 통해 이를 내면화하고 있다.

이와 관련, 미국에서는 각종 경축일을 보훈정신을 기르기 위한 목적으로 운영하고 있다고 말할 수 있는 정도로 체계적으로 운영한다. 예를 들어 7월 4일 독립기념일에는 많은 가정에서 국기의 색인 빨간색·흰색·파란색 셔츠를 입거나 같은 색의 케이크를 먹으며 국가의 탄생과 함께 현재 누리고 있는 자유에 대해 경축한다. 또 11월 11일 제대군인의 날에는 가족들이 국립묘지를 찾아 전사자에 대해 경의를 표하고 퇴역군인 퍼레이드와 같은 애국적 집합의식에 참여해 전쟁의 아픔과 희생에 대해 깊이 생각해 보는 시간을 갖는다.

특히 학교에서는 국가경축일이 다가오면 그에 대한 자세한 설명과 함께 관련된 교육을 유기적으로 진행한다. 이러한 경축일을 통해 학생들을 포함한 국민들은 미국의 역사, 행사의 의미, 보훈의 중요성 등을 자연스럽게 학습하고 이를 통해 애국심 고취의 기회를 갖고 있는 것이다.

캐나다는 보훈교육과 관련하여 청소년과 참전·제대군인 위주의 보훈 행사를 통해 실질적인 보훈교육을 실시하고 있다. 학생들의 보훈의식 강화를 위해서 정부는 다양한 행사를 진행하고 있다. 대표적인 사례로 먼저 '기억의 횃불' 행사를 개최하여 많은 학생들이 캐나다군의 희생과 사회적 공헌을 알게 한다. 이와 함께 학생들이 노르망디 상륙작전 등 캐나다가 참전했던 유적지를 방문할 수 있도록 재정적으로 지원하고 있다. 이 행사에 참여한 학생들은 제대군인부의 '어린이 대사'로 지역사회에서 보훈의식 확산을 위한 활동을 전개한다. 각종 청소년을 대상으로 사회단체들과 연계해 실시하는 나라사랑 캠페인과 희생자 추모배지 달기 행사도 중요한 보훈교육 프로그램이다. 이와 함께 제대군인협회를 비롯한 각종 사회단체 및 대학들과 연계해 학생을 대상으로 하는 다양한 보훈 행사 및 프로그램들을 진행하고 있다.

이런 보훈교육을 위해 정부는 다양한 관련 매체를 개발하고 제공한다. 이와 동시에 보훈교육 관련 인터넷 사이트를 개설하여 운영하고 있는데 여기에는 각종 보훈 행사 및 프로그램들이 소개되어 있고, 프로젝트 신청 코너와 그 결과물들이 게시되어 있어 수요자들이 언제나 참여하고 그 자료를 활용할 수 있게 한다.

보훈교육과 관련한 호주의 프로그램들은 전쟁 역사에 대한 인식과 이해를 높이는 데 중점을 두고 있다. 이를 위해 관련 교육 간행물을 계속해 출판하고 있으며, 이 간행물 내용은 전시의 특정 소재를 주제로 삼는 교육과정 커리큘럼과 연계돼 있다. 특히 호주의 보훈교육은 지역사회와 잘 연계돼 있다. 정부도 국가유공자의 헌신과 희생을 기념하는 프로그램들을 다수 지원하고 있다. 대표적인 프로그램은 전쟁기념관을 이동전시 프로그램으로 활용해 전쟁 당시 물품이나 공예품 등을 모집하고 이를 전시하는 기회를 제공한다. 또 학생단체의 무명용사 묘역 헌화 프로그램을 후원하고 있는데, 이 행사에는 학교 지역 연방의회 의원이 초대되고, 학생들이 참전용사에게 당시 상황과 관련해 대화를 나누는 등의 기회를 제공하고 있다. 이 프로그램은 시민윤리 교육프로그램의 일환으로 진행되면서 많은 학교에서 인기를 얻고 있다.

　프랑스 보훈교육 특징은 문화와 밀접한 관련이 있다는 점이다. 대표적인 보훈교육 사례를 보면, 먼저 '기억의 작은 예술가들'이라는 프로그램을 들 수 있다. 이는 학생들이 지역 출신 참전군인을 선정하여 그가 가족들에게 남긴 이야기나 공적자료 등을 조사한 다음 이를 대중 앞에서 발표하는 프로그램이다. 학생들 시각으로 작성하는 보훈 스토리텔링인 셈이다. 이와 함께 '기억여행'이라는 프로그램도 주목할 만하다. 이는 보훈과 관련된 기념장소와 기념비들을 방문함으로써 지난 역사를 기억하기 위한 행사이다. 이 행사는 과거를 이해하고 보훈의식을 형성한다는 의미와 더불어, 여행을 통해 관련 지역들의 경제·문화 활성화로 이어진다는 점에서 지역이 적극성을 띠고 진행하고 있다. 이 외에도 프랑스는 최근 각종 보훈 관련 증언 기록사업을 성공적으로 수행하고 있으며, 이 사업도 자연스럽게 보훈교육의 기반으로 활용되고 있다.

이들 국가 외에도 이스라엘, 뉴질랜드, 터키 등의 많은 나라들도 애국심을 통해 강한 긍지를 갖도록 하는 보훈교육에 힘쓰고 있다. 오랜 기간 나라 없이 살아온 경험과 홀로코스트라는 혹독한 경험을 한 이스라엘의 보훈교육은 나라의 존립 근거로까지 이해되고 있다. 이스라엘 교육 당국은 최근의 잦은 전쟁 속에 만들어진 스토리를 현장과 연결하면서 감정과 정서에 충실한 보훈교육이 되도록 노력하고 있다. 이런 교육에서 만들어지는 감정과 정서는 곧 '조국'과 '애국심'의 실제적 개념이 된다. 이스라엘에서 학생들에 대한 보훈교육은 '쉘라흐'라는 과목으로 이뤄지고 있다. 우리의 중·고등학교 과정에 해당하는 학생들은 이 과목을 의무적으로 수강한다. 1주 1시간의 교실 강의와 한 달에 6시간, 1년 중 2박 3일의 현장체험으로 진행된다. 이는 국토의 지리적 특징과 함께 영토의 정신적 가치가 무엇인가를 수업과 체험을 통해 교육하는 것이다. 그리고 이스라엘이 생각하는 정신적 가치의 핵심은 '민족적 동질의식을 만들어내는 것'과 '이 땅과 민족적 동질의식을 지켜나가기 위해 희생을 감수할 있다'는 두 가지로 요약된다. 이런 과정을 통하여 학생들은 '우리가 살고 있는 이

땅'과의 일체감을 인식하고 이는 다시 무의식까지 이어지는 깊은 애국심으로 승화된다.

뉴질랜드의 경우 안작(Anzac)기념일 등 보훈 행사에 청소년 참여가 중요한 역할을 하고 있다. 이런 참여는 청소년들이 보훈정신과 애국심을 향상하는 데 크게 도움을 주고 있다. 터키는 애국심 고취와 보훈정신 고양을 위한 활동을 주로 교육부와 국방부에서 운영하고 있다. 교육부가 학생들의 애국심 이해 증대와 행동적 변화에 중점을 둔다면 국방부는 병역의무를 지고 복무중인 국민들을 교육하는 데 주안점을 두고 있다.

이런 외국 보훈교육이 시사하는 점을 살펴보면, 많은 선진 국가들에서 국가유공자의 명예와 권익보호를 국가정책의 최우선 과제로 삼고 있고, 국립묘지와 같은 현충시설은 호국용사의 위훈과 명예선양에 중요한 기준이 되고 있다. 이런 노력들은 다시 국민역량 결집과 직결되고 있다. 보훈교육은 국가정체성을 확인하고 국민 나라사랑정신 고취에 가장 직접적이고 현실적인 계기를 조성하고 있다. 주요 나라들의 보훈교육은 먼저 '미래 세대인 학생들에 대한 투자'가 돋보인다. 많은 나라에서 보훈단체를 비롯한 사회단체들과 대학들이 연계해 학생 대상의 다양한 행사와 프로그램을 진행하고 있다. 이런 외국 사례들을 참고해 우리도 어린이와 청소년들이 국가와 민족에 대한 의식과 사랑을 고취하는 다양한 프로그램을 꾸준히 개발해야 할 것이다.

다음으로 지역사회가 보훈 행사에 적극적인 관심과 지원을 하고 있다는 점이다. 그리고 이는 다시 지역사회에 나라사랑의 중요성을 인식시키는 계기가 되고 있다. 이들 국가에서는 보훈 행사에 국민 참여도가 높다는 특징을 보이는데 이는 청소년 등 관련 단체들의 참여를 정책적으로 유도해 충실한 내용과 볼거리를 제공하였기에 가능한 일이다. 고객 중심 사고를 바탕으로 보훈 행사를 축제의 장으로 만들고 있으며 인터넷 학습자료 제공 등을 통해 과거와 현대의 다각적 소통 채널을 마련하고 있는 점은 오늘 우리에게 많은 시사점을 주고 있다.

재외동포에 대한 인식

　기원전 2333년부터 우리는 '한국인'이라는 집단적 정체성에 대
한 별다른 고민 없이 살아올 수 있었다. 하지만 21세기 들어 상
황은 우리가 생각했던 것보다 빠르게 변하는 중이다. 특히 세계
적인 경쟁체제가 색다른 양상을 띠우면서 심화되고 있다. 지역·
국가·민족은 물론이고 세계 전체가 하나의 시스템 속에서 경쟁
체제에 편입되고 있다는 것이다. 이러한 상황 속에서도 우리에
게 민족문제는 핵심적 과제이며, 특히 정체성 문제가 중요한 관
심으로 부상하고 있다. 이와 관련하여 많은 나라들에서 재외동
포들을 국익 증대를 위한 중요 자산으로 인식하고 이들을 위한
지원 및 활용 방안 마련을 위해 총력을 기울이고 있다.

　우리나라 영토 밖에 살고 있는 한국인을 부르는 호칭은 다양
하지만 법적인 명칭은 재외동포·재외국민·외국국적동포 세 가

지다. 재외동포는 혈연적인 개념이다. 지금 한국 국적을 가지고 있거나 본인 또는 조부모·부모의 한쪽이 한국 국적을 가졌던 사람은 모두 재외동포에 포함된다. 이 가운데 현재 한국 국적을 가진 사람을 '재외국민', 국적을 바꾼 사람을 '외국국적동포'라고 부른다. 관련 현황을 보면 최근 5년간 재외동포는 늘고, 재외국민은 줄어드는 것으로 나타나고 있다. 외교통상부 자료에 따르면 2091년 현재 재외동포 수는 약 749만 명으로 사상 최고를 기록한 반면, 한국 국적을 가진 재외국민 수는 268만 명으로 사상 최저를 기록했다. 최근 들어서의 재외동포 관련 정책 방향을 보면, 동포사회 성장에 따른 재외동포의 전략적 가치 변화가 두드러지고 있다. 특히 경제발전의 패러다임이 종전의 노동집약 단계, 자본집약 단계에서 지식기반경제 단계로 급속히 개편함에 따라 국제 표준에 익숙하고 다문화적 배경을 지닌 재외동포들의 경쟁력에 주목하는 경향이 나타나고 있다. 특히 재외동포 청소년층을 장차 활용 가능한 인적자원으로 간주하여 이를 적극적으로 활용하기 위한 포석의 일환으로 한인 정체성 함양과 자긍심 고양을 위한 교육·문화 교류 확대가 상대적으로 활발하게 진행되고 있다. 이런 방향성에서 최근 재외동포 관련 정책은 주로 모국과의 유대증진을 위한 국내 법적·제도적 기반 강화와 모국과 거주국과의 관계증진을 위한 동포사회의 전략적 기여 확대를 위한 재외동포 네트워크 활성화가 주요 방향이라고 볼 수 있다.

이러한 정책과 관련하여 가장 중요한 부분 중의 하나가 우리 사회의 재외동포에 대한 인식 문제다. 관련 사회조사 자료를 이용하여 한국사회의 재외동포에 대한 정체성 인식 특성을 보면 그 일단을 확인해 볼 수 있을 것이다. 이를 위하여 재미동포, 재일동포, 조선족, 고려인 등 4개 지역별 재외동포에 대해 한국사회의 국민정체성 인식 현황을 확인해 보면 재미동포와 재일동포의 경우에는 10명 중 7명이 이들을 같은 국민으로 인정하고 있는 반면에, 조선족과 고려인의 경우에는 이 비율이 현저하게 낮게 나타나고 있었다. 특히 고려인의 경우에는 한국인의 절반 정도가 국민으로 인정하지 않으려 하고 있었다. 그 원인으로는 미국과 일본이 중국이나 독립국가연합에 비해 상대적으로 우리나라와 유사한 정치·경제체제를 갖고 있고 경제적으로도 윤택하며, 문화적으로도 더욱 유사성이 크다는 인식이 작용하고 있는 것으로 보인다. 그러나 한편으로는 한국인의 재외동포에 대한 정체성 인식이 한국사회의 다문화 구성원 인정 양식과 유사한 논리에서 작동하고 있는 것이 아닌가 하는 의문도 들게 한다. 즉 한국사회에서 다문화 구성원들은 자신의 국적 또는 인종이나 민족정체성이 한국사회에서 갖는 위계적 서열에 따라 차별대우를 받고 있는데, 이런 경향이 재외동포에 대한 정체성 인식에도 영향을 주고 있는 것으로 보인다.

대한민국 헌법전문에서는 우리 대한국민이 3·1운동으로 건립된 대한민국임시정부의 법통을 이어받고 있으며, 정의·인도와 동포애로써 민족의 단결을 공고히 해야 한다고 천명하고 있다. 조선족과 고려인은 중국 동북지역과 러시아 등 독립국가연합 내에 살고 있는 한인 교포들을 총체적으로 일컫는 용어이다. 이름 자체에서도 나타나듯이 현지의 한인 교포들은 스스로의 정체성을 확고히 지켜 나가기 위하여 힘든 노력을 하고 있다. 이와 함께 한국정부는 재외동포를 대상으로 한국어 및 한국역사, 문화 등 민족교육 활성화를 통해 한인 정체성 함양 및 한국인으로서의 자긍심을 고양시키는 정책을 수행하고 있다. 특히 중국·CIS 지역 등 특수지역 동포사회 민족문화 보존 유지 활동에도 많은 지원을 하고 있다. CIS 지역이란 1991년까지 소련 연방의 일원이던 독립 국가들의 연합이다. 예를 들면, 우즈베키스탄, 카자흐스탄 등이 여기에 속한다. 그러나 이번 분석 결과에서도 일정 정도 확인할 수 있듯이 그동안 우리는 '세계 속의 한국인', '자랑스러운 한국인' 담론에 갇혀 우리 사회가 보고 싶어 하는 모습만을 그리고 있는 것이 아닌가 성찰해 보아야 할 필요성을 확인할 수 있다. 우리 자신이 내심 재외동포 중 일부를 배척하면서 그들에게 국민정체성을 가지라고 요구하는 것은 아닌지 다시 한 번 자문해 보아야 할 것이다.

이주자와 국민정체성

한 재중동포가 한국인 남편과 이혼한 뒤 딸을 아동일시보호소인 한 아동복지센터에 맡겼다. 이혼한 이주여성이라는 이중의 굴레를 안고 한국사회에서 딸을 키우면서 벌이를 하기가 쉽지 않기 때문이다. 이처럼 최근엔 한국사회에 다문화가정이 급속도로 늘어나면서 아동일시보호소에도 이주여성이 낳은 아이들이 눈에 띄게 많아지고 있다. 이 사례의 재중동포가 한국 땅에서 아이를 당당하게 키우려면 무엇보다 귀화가 필요하다. 그러나 까다로운 귀화심사가 기다리고 있어 이 재중동포와 딸은 아직 법적인 한국인이 되지 못하고 있다. 이 재중동포의 소원은 딸과 함께 한국인으로서 당당하게 살아가는 것이다.

출산 기피와 고령화로 경제인구가 줄어드는 현실에서 결혼이주여성과 다문화가정 자녀는 우리 사회의 중요한 구성원이 될 소중한 존재들이다. 그러나 위 사례에서도 볼 수 있듯이 결혼이주여성들이 귀화나 영주 자격 신청 등 자신의 권익을 보호받기 위해 취할 수 있는 대책은 매우 제한적이다. 그러므로 우선 이들에 대한 최소한의 인권보호 등의 제도적 안전장치를 서둘러 마련해야 한다. 이러한 장치들은 이들이 한국인이거나 외국인이거나를 막론하고 당연히 필요한 조처들이다. 이러한 기본적 제도를 형성하고 나서 생각해 볼 수 있는 점이 이들 결혼이주여성들이 한국인으로서의 정체성을 갖고 한국사회 발전에 동참하고 기여할 수 있도록 하는 방안이 될 것이다. 국민정체성은 국가의 존립과 직결되는 사항으로 모든 국가에서 공히 지대한 관심을 가지고 있고, 한국도 예외는 될 수 없다. 국민정체성과 관련하여 한국에서는 국가보훈처가 중요한 정책부서의 한 축을 형성하고 있다. 보훈의 기본정책인 국가보훈기본법에서도 최종적으로는 국민의 나라사랑정신을 함양하며, 이를 정신적 토대로 삼아 국민통합과 국가 발전에 기여하도록 하는 것을 기본이념으로 하고 있다. 그러므로 다문화사회에서 한국국민의 주요한 구성원인 결혼이주여성들의 한국국민으로서의 정체성 문제는 국민통합과 국가 발전의 선행조건이 될 수밖에 없다고 하겠다.

결혼이주여성의 국민정체성 현황을 파악해 보고자 '자녀 준거

국가'를 기준으로 경기도에 거주하는 재중동포, 중국, 일본, 베트남 출신자들의 인식 현황을 분석해 보았다. 여기에서의 '자녀 준거국가'는 '자녀를 앞으로 어느 나라 사람으로 키우고자 하는가?' 하는 인식을 가리킨다. 국적은 국적법에 의해서 결정되기 때문에 개인이 마음대로 정할 수는 없다고 하더라도 자녀 국적에 대해 어떤 국가를 준거로 삼고 싶은가는 개인적으로 얼마든지 정할 수 있는 문제이고, 이에 대한 인식은 국민정체성과 밀접한 관련이 있다고 할 수 있다. 즉 한국국민으로서의 정체성을 강하게 인식할수록 자녀 준거국가로 한국을 선택하고자 하는 비율이 높을 것으로 생각해 볼 수 있다.

자녀 준거국가로 '한국'을 선택하고자 하는 비율을 출신국 별로 보면, 재중동포, 일본, 베트남 출신이 56~58%로 비슷한 수준을 보이고 있는데 비해, 중국 출신은 36%로 상대적으로 낮은 수준을 보이고 있었다. 결혼이주여성의 국민정체성과 관련한 인식에 출신국가에 따라 차이가 있다면, 이들 결혼이주여성들의 국민정체성에 출신별 차이를 유발하는 배경원인이 존재할 것이라고도 생각해 볼 수 있다. 이를 확인해 보기 위해 출신별로 영향을 주는 요인들을 분석해 보았더니, 한국어 실력과 본국과의 생활 비교가 중요한 영향을 미치고 있는 것으로 보였다. 일본을 제외하면 기본적으로 한국의 생활수준이 결혼이주여성 본국의 생활수준보다는 높다고 볼 수 있다. 그러므로 본국과의 생활 비교는 출신에 따른 영향에 큰 의의가 없다. 그렇다면 한국어 능력이 중요할 수밖에 없어 보인다. 그러므로 결혼이주여성과 다문화가정의 국민정체성 형성과 관련하여 정부당국에서 먼저 주목해야 할 부분은 결혼이주여성에 대한 한국어교육의 내실화와 다문화가정에 대한 이주자 본국 언어의 이해와 습득이라고 본다. 이러한 막후환경이 원활히 조성된다면 결혼이주자들의 전반적인 한국생활 적응과 한국국민으로서의 정체성 및 한국사회 발전에 기여하는 사회적 힘이 배가될 수 있을 것으로 판단한다.

그리고 이러한 주장은 국제결혼가정에 대한 사회공헌 활동의 일부로 다문화가정 자녀의 교육문제에 집중하는 사례가 시작되고 있고, 특히 엄마 쪽 언어를 사용할 기회가 없었던 자녀들이 엄마나라 말을 배움으로써 자아정체성이 건강해지고 있다는 사실과 한국말을 거의 못해 자녀와 대화를 제대로 할 수 없었던 엄마들이 자녀가 엄마나라 말을 배운 뒤부터 조금씩 의사소통이 가능해지고 있어 결혼이주여성의 자존감과 생활만족도가 높아졌다는 일부 언론보도에 의해서도 일정 정도 효과가 검증되고 있다고 본다.

40주년 보훈공단의 역할

2020년 10월 보훈공단 중앙보훈병원 보장구센터에서는 '첨단 로봇의족 국산화 개발 시연회'가 열렸다. 시연회에서는 절단장애 시범대상자 두 분이 국산화 인증 시험 중인 RoFT(Robot Foot)를 착용한 채 평지, 경사로, 트레드밀 등 다양한 지면 환경에서 보행 시범을 보였다. 이날 로봇의족을 착용하게 된 국가유공자 중 한 분은 이 의족이 본인에게는 '새로운 발'이 아닌 '새로운 삶'이라고 말하였다. 보훈공단 이사장은 "보장구센터는 최첨단 스마트 의료장비 개발을 위한 R&D에 지원을 아끼지 않을 것"이라며 "향후 의료기기 인증센터와 교육센터를 설립해 세계 최고 수준 전문 인력을 양성하는 공공기관으로 발돋움할 것"이라고 밝혔다.

이런 보훈공단을 이해하기 위하여 먼저 한국보훈복지의료공단법을 살펴보면, 우리 사회는 보훈공단을 설립하여 「독립유공자예우에 관한 법률」, 「국가유공자 등 예우 및 지원에 관한 법률」, 「보훈보상대상자 지원에 관한 법률」, 「5·18민주유공자예우에 관한 법률」, 「참전유공자 예우 및 단체설립에 관한 법률」, 「고엽제후유의증 등 환자지원 및 단체설립에 관한 법률」, 「특수임무유공자 예우 및 단체설립에 관한 법률」 및 「제대군인지원에 관한 법률」의 적용대상자에 대한 진료와 중상이자(重傷痍者)에 대한 의학적·정신적 재활 및 직업 재활을 행하여 그 자립 정착을 도모하고, 복지증진에 기여하게 하고 있다. 이와 관련하여 보훈공단이 하는 사업을 살펴보면, 보훈공단은 다음 각 호의 사업을 한다.

1. 제1조에 따른 법률의 적용대상자(이하 '국가유공자 등'이라 한다)의 진료, 건강관리, 보호 및 의학적·정신적 재활과 이에 대한 조사·연구

2. 국가유공자 등의 직업 재활 교육 등 교육·훈련

3. 국가유공자 등 단체의 운영 지원

4. 국가유공자 등을 위한 주택의 건설·공급·임대사업, 택지의 취득 및 주거환경개선 사업

5. 국가유공자 등과 그 자녀의 학비 지원

6. 호국정신을 기르고 북돋우기 위하여 필요한 사업과 보훈 정책의 연구

7. 제대군인의 사회복귀 지원 및 인력 활용을 촉진하기 위한 사업

8. 참전군인 등의 해외 파병으로 인하여 발생한 질병에 대한 조사·연구

9. 국가유공자 등의 양로·요양·휴양 등을 위한 복지시설의 운영

10. 제1호부터 제9호까지의 사업 수행을 위한 수익사업 및 부대사업

11. 보훈기금증식사업 등 국가보훈처장이 다른 법률에 따라 위탁하는 사업

이 외에도 주택건설사업 등에 관한 특례로 보훈공단은 「주택법」「택지개발촉진법」「민간임대주택에 관한 특별법」 또는 「공공주택 특별법」에서 정하는 바에 따라 국가유공자 등을 위하여 주택을 건설·공급·임대하거나 택지를 취득할 수 있다.

이런 보훈공단은 지난 1981년 11월 2일 설립된 이래, 2021년 이면 창립 40주년이 된다. 나라를 위해 헌신한 분들을 예우하고, 그분들의 행복한 삶을 지켜드리기 위해 진료와 재활, 복지증진을 목적으로 설립한 후, 40년 동안 꾸준히 성장해 오고 있는 것

이다. 이런 역할 외에도 또한 공공기관으로서 정부정책을 적극 수행하고, 사회적 책임을 완수하기 위한 노력도 소홀히 하지 않고 있다. 2020년은 코로나의 해라고 부릴 수 있을 정도로, 우리 사회는 코로나19라는 신종 바이러스의 등장으로 유례없는 어려운 상황을 맞이하였고, 이런 상황에서 보훈공단은 공공의료복지 선도기관으로서 큰 활약을 보여주었다. 보훈공단은 코로나 발생 초기부터 공단의 주 고객인 감염에 취약한 고령만성 질환자들의 안전을 위하여 병원 및 요양원 등의 시설 및 방역 시스템을 정부 방침에 따라 신속하게 변경하고, 보훈병원 의료진들은 자발적으로 의료현장으로 달려가 신종 바이러스와 치열한 사투를 벌였다. 또한 지역 내 확산 방지를 위해 대구 및 대전보훈병원은 감염병 전담병원으로 지정되어 선별진료소와 격리병동을 운영하며 24시간 비상근무체제에 돌입하였고, 중앙보훈병원은 코로나 경증환자 치료를 위해 용인시에 생활치료센터를 운영하는 등 전국 6개 보훈병원은 감염병을 막는 공공의료기관으로서의 역할을 톡톡히 수행했다. 보훈요양원 또한 코로나 확산이 지속됨에 따라 장기요양 입소 어르신들의 가족과의 단절을 해소하기 위해 비접촉 안심면회인 만남애(愛)창, ICT 기술을 활용한 영상 면회, 코로나 블루 극복을 위한 다양한 언택트 프로그램 등을 적극적으로 도입하여 입소자와 보호자는 물론, 전 국민의 정서적 안정을 도모하며 든든한 돌봄을 선도하였다. 이런 코로나 정국에 대처하는 일 외에 사회적 상생을 위해서도 공단은 안산사업소 임대료 인하, 착한 선결제 시행, 지역 농산물 구입, 임금반납을 통한 기부 등 다양한 사회공헌 활동을 통해 코로나 고통 분담에도 적극 동참하였다.

동시에, 이러한 힘든 상황에서도 공단 본연의 업무를 소홀히 하지 않았다. 의료분야에서는 보훈대상자 맞춤형 진료 및 보훈의료 품질 향상을 위해 지속적으로 노력하였고, 복지 분야 또한 요양원 입소자 특성과 욕구에 맞는 맞춤형 서비스 제공, 예방에서 임종까지 전 생애주기 케어플랜인 건강복지안전망(IMSAFE)으로 특허대상기관에 선정되는 등 사각지대 없는 촘촘한 복지서비스를 제공하는 데에도 최선의 노력을 다하고 있다.

2020년 한국사회 모든 구성원이 절감했듯이 코로나19라는 감염병의 등장은 우리의 삶을 완전히 바꾸어 놓았고, 그 변화의 속도는 점점 빨라질 것이다. 지난 7월 정부가 발표한 한국판 뉴딜 정책은 급변하는 포스트 코로나 환경에 대응하기 위한 것이고, 공단의 미래 발전 또한 그러한 시대적 변화에 얼마나 능동적으로 대응하느냐에 달려 있다고 하겠다. 특히나 공공의료의 중요성은 이번 코로나19 사태로 인하여 그 필요성에 대해 사회적 공감대가 형성되었고, 정부는 앞으로 확대 준비에 더욱 박차를 가할 것으로 생각된다. 공공의료 강화의 핵심은 의료전달체계에 산재한 상업성을 가능한 배제하면서, 지역 간 의료서비스 격차를 해소하고, 코로나19와 같은 국가적 위기 상황이 또 다시 발생하였을 때 정부 주도의 성공적인 K-방역체계를 구축하는 것이다. 이와 함께 포스트 코로나 시대의 디지털 뉴딜 준비에도 만전을 기해야 할 것이다. 비대면 수요가 급증하면서 모든 분야에서 디지털 전환이 가속화되고 있고, 의료복지 분야 또한 ICT를 기반으로 한 스마트 의료 및 디지털 관리 체제가 더욱 중요해지고 있다. AI, 원격진료를 포함한 스마트헬스의 근간은 빅데이터이다. 이를 바탕으로 공단은 의료복지 정보통합을 목표로 공단법을 개정하였으며, 2024년까지 빅데이터를 구축할 계획이다. 이러한 빅데이터를 기반으로 하는 스마트 헬스는 공단의 의료복지서비스를 국내 최상급의 서비스로 재탄생하게 할 것이다.

코로나도 얘기했지만 우리 사회는 지금 4차 산업혁명이라는 큰 변화의 물결을 경험하고 있다. 4차 산업혁명은 AI, 빅데이터, 초연결 등의 지능정보기술을 기반으로, 다양한 기술, 분야, 산업과 융합해 국가사회 전반에 파괴적 혁신을 일으키고 있다. 이런 상황에서 40주년을 맞는 보훈공단은 4차 산업혁명시대를 맞아 의료복지 사업의 디지털 뉴딜에 대한 준비를 꾸준히 해 오고 있다. 공공기관 최초로 AI 진단 시스템을 도입하였고, 로봇수술 시행, 로봇의족 상용화, 스마트 복약관리 등 혁신기술을 활용한 융합형 서비스 제공 및 5G 기반의 원격진료 준비에도 힘써 스마트 병원 모델을 구축하였다. 복지 분야에서도 IoT 기반의 원격 건강관리 시스템과 VR, AR 기술을 활용한 질환 상태별 맞춤형 치매 돌봄서비스를 제공하는 등 디지털 기반의 복지네트워크 구축에 앞장서고 있다. 4차 산업혁명은 우리를 포함한 모든 국가들에게 큰 도전이자 기회이다. 지금까지 경험하지 못한 파괴적 혁신과 혁명적 변화를 얼마나 효과적으로 지원하고 포용할 수 있는지가 앞으로의 국제 주도권 경쟁의 결과를 가르게 될 것이다. 우리의 강점과 경험을 충분히 활용하여 능동적으로 미래를 준비한다면 다가올 미래가 두렵지만은 않을 것이다. 그리고 40주년을 맞는 보훈공단은 이전에도 그랬지만 앞으로도 국가유공자를 포함한 우리 사회의 모든 구성원을 위하여 따뜻하고 든든한 4차 산업혁명의 한 보루가 되어야 할 것이다.

40주년을 맞는 보훈공단은 국내 단일 공공의료기관 중 가장 규모가 큰 기관으로서 앞으로 더욱 공공의료 강화를 위해 역할을 다해야 할 것이다. 이를 위하여 현재 전국 6개 보훈병원이 전문센터를 중심으로 보훈환자 다빈도 질환에 특화된 중증진료 역량을 강화하고, 병원별 재활센터, 요양병원 건립을 추진 중이다. 또한, 보훈공단은 다년간 국가유공자, 보훈가족, 지역주민 등을 돌보며 쌓은 노하우를 통해 공공의료 제공에 적합한 기반을 가지고 있다. 앞으로 이러한 기반을 바탕으로 1차-2차-3차로 이어지는 의료전달체계를 잘 정립해 나가야 할 것이고, 전 국민이 수준 높은 공공의료서비스를 누리는 데 큰 역할을 해야 할 것이다. 미래를 대비한 이러한 공단의 노력이 주 고객인 보훈가족을 넘어 전 국민, 특히 건강관리 및 응급상황 대응 등에 열악한 고령·장애·독거인 등 지역 내 취약계층으로 확대되어 더 많은 국민을 포용하게 되기를 기대한다.

　40주년을 맞는 보훈공단의 역할과 관련하여 안전망 강화 또한 미래를 대비하는 중요한 핵심가치이다. 미래의 안전은 감염병 혹은 산업재해를 대비하는 차원을 뛰어넘어, 변화하는 모든 환경에 우리가 성공적으로 적응하고, 사회 구성원들이 본인의 역량을 빠르게 구축하도록 돕는 포괄적인 안전망을 의미한다. 이는 한 사람 한 사람이 교육, 환경, 정보 접근성, 고용 등 다양한 사회적 제도 안에서 차별받지 않고 사각지대가 해소되었을 때

비로소 이루어질 것이다. 40주년을 맞는 보훈공단의 이런 역할은 곧 국민이 공감할 수 있도록 보훈정책과 제도의 내실화를 위해 끊임없이 노력하는 것이라 하겠다. 보훈은 새로운 국민통합 시대를 여는 매개이다. 일상 속에서 보훈문화가 사회 전반으로 확산될 수 있도록 하는데 보훈공단이 각별한 역할을 할 것으로 기대한다.

희망의 건축가라고 불리는 사람이 있다. 칠레의 건축가 알레한드로 아라베나가 그 사람이다. 그를 희망의 건축가라고 불리게 한 업적은 화려한 재료나 놀랄 만한 조형의 건축물이 아니라 '좋은 집의 반쪽'(Half of a Good House)이라는 이름을 가진 도시 저소득층을 위한 공동주택이다. 칠레에서 30년 된 낡은 빈민가의 100여 가구를 재개발하는 사업이었는데, 저예산으로 건축면적 36㎡의 살만 한 집을 제공해야 했다. 그는 지역주민들과 이야기를 나누며, 그들이 도시 외곽으로 밀려나지 않고 거주지를 지키면서 앞으로 중산층 수준의 삶을 유지하는 방법에 대해 고민했다. 그 결과 필수 설비만 넣은 절반 규모의 집을 짓고 살면서, 각자 바라는 만큼 확장할 수 있는 여지를 만들었다. 그리고 그의 기대대로 집은 거주민의 적극적인 참여로 점점 채워졌다. 그가 설계한 것은 단순한 건축물이 아니었다. 사람들에게 희망을 제공하였고, 건축을 통해 누구든 각자의 삶을 살아가며 자신만의 꿈을 꾸고 그 꿈을 이루기 위해 노력할 수 있다는 것을 깨닫게 해주었다. 그는 36㎡의 작은 집을 설계한 것이 아니라 72㎡의 절반과 동시에 그 집을 채울 수 있는 희망을 지은 것이었다.

사람은 희망으로 살아간다고 본다. 우리 사회가 희망이 필요할 때 그 역할을 한 사람이 국가유공자이고, 그래서 국가유공자는 희망의 사람이라고 생각한다. 이런 생각이 잘 표현된 것 중의 하나가 대통령의 2020년 제62회 현충일 추념사라고 본다. 이 추념사에서 문재인 대통령은 항일의병과 광복군 그리고 그들의 후손, 한국전쟁 참전군인과 학도병, 베트남 참전용사, 파독 광부와 간호사, 청계천 여공, 5·18 민주화운동과 6월 항쟁의 시민, 서해 바다를 지킨 용사들과 그 유가족 등을 일일이 호명하며, 이런 사람들의 애국심이 없었다면 지금의 대한민국도 없었을 것이라고 말했다. 대통령은 조국을 위한 헌신과 희생은 독립과 호국의 전장에서만 있었던 것이 아니었음을 함께 기억하고자 하면서, 이런 분들에 대한 보훈이야말로 국민통합을 이루고 강한 국가로 가는 길이라고 선언했다. 멀게는 일제 강점기부터 6·25전쟁과 이른바 산업화 시대를 온몸으로 견디며 살아낸 이들은 모두 나라를 위해 땀과 피를 흘렸고, 이들의 공헌과 희생은 존경받아 마땅하며, 그에 걸맞은 보답과 예우를 하는 게 정부의 당연한 의무라는 뜻을 밝힌 셈이다. 이들은 공통적으로 깜깜한 어둠 속에서 빛과 희망을 전한 사람들이다. 그래서 보훈은 빛과 희망을 유지하고 발전시켜 나가는 일이라고 할 수 있다.

희망의 건축가나 우리 사회의 국가유공자들은 모두 빛과 희망을 몸으로 실천한 사람들이다. 나라사랑을 입에 달고 산다고 애국자는 아니다. 미국 작가 마크 트웨인은 "애국자란 자신이 무슨 소리를 하는지 알지도 못하면서 가장 큰 소리로 떠드는 사람들이다"라고 했다. 아일랜드의 작가 오스카 와일드는 "애국심은 사악한 자의 미덕"이라는 말까지 했다. 모두 애국이라는 말에 깃든 허위의식을 꼬집는 말들이다. 이처럼 가짜 애국심은 약보다 독에 가깝다. 우리 공동체를 위한 일을 하는 것이 애국이다. 말로만 애국자라고 떠든 사람들이 나라를 팔고, 가장 먼저 도망칠 때 우리 사회를 지키기 위해 떨치고 나선 분들이 한 행동이 애국이고, 이런 애국은 말하지 않아도 우리 사회를 통합시키고 발전시켜 나가는 데 기여한다. 우리나라가 나라다운 나라로 날로 거듭날 수 있도록 방향을 제시하는 사람들이 국가유공자이고, 이들의 유지를 전승하고 확산하는 것이 보훈이다.

앞에서 거론한 항일의병과 광복군, 한국전쟁과 베트남 참전군인, 파독 광부와 간호사, 산업화 주역들과 민주화 주역들, 그리고 우리 영토를 지키는 용사들과 유가족들은 모두 애국하는 방법은 달랐지만 모두가 애국자이다. 보훈총서 중 이번 『가족과 함께하는 보훈교실』은 이런 내용을 읽기 쉽고, 말하기 쉽게 전달해 보고자 하였다. 반쪽짜리 집을 통하여 희망을 제공하였고, 이를 바탕으로 누구든 각자의 삶을 살아가며 자신의 꿈을 완성하기 위해 노력하게 한 희망의 건축가나 우리의 국가유공자처럼 이 책도 반쪽만 주었다고 생각해 주면 감사하겠다. 사실 다 주고 싶었지만 능력이 안 됐다. 이 책이 나오기까지 고생한 많은 분들과 독자들께 감사드린다. 기회가 되면 좀 더 나은 모습으로 다시 만날 수 있기를 기대한다.

참고문헌

국가보훈처, 2011,『보훈 50년사』, 서울: 국가보훈처.

국가보훈처, 2012,『호국보훈으로 하나된 튼튼한 국가』, 서울: 국가보훈처.

김종성, 2005,『한국보훈정책론』, 서울: 일진사.

김종성, 2012,『보훈의 역사와 문화』, 서울: 국학자료원.

김종성, 2017, "국가유공자 보상 및 예우 강화",『행정포커스』130.

미셸 깽 저, 이인숙 역, 2002,『처절한 정원』, 서울: 문학세계사.

보훈교육연구원, 2009,『국가보훈 미래전략 보고서』, 수원: 보훈교육연구원.

보훈교육연구원, 2013,『나라사랑교육』, 수원: 보훈교육연구원.

서운석 외, 2016,『보훈선양의식의 현황과 과제: 광복70년간 우리사회의 보
    훈선양의식 고찰』, 수원: 보훈교육연구원.

서운석, 2008, "한·중·일 3국의 사회신뢰 비교 분석",『중국과 중국학』8.

서운석, 2009, "국민의 전쟁참여 의지에 대한 국가별 영향요인 분석",『정책
    연구』161.

서운석, 2009, "국민 자부심에 대한 한·중·일 비교 연구",『사회과학담론과
    정책』2(1).

서운석, 2009, "국제결혼이주자의 국민정체성에 대한 분석: 중국지역 출신
    여성결혼이주자를 중심으로",『한중사회과학연구』7(2).

서운석, 2009, "통일·분단지역 주민의 가치인식 변화 연구: 동독·서독과 중
    국·대만 비교를 중심으로",『공공정책연구』16(2).

서운석, 2010, "한국인의 다문화 인식 현황: 연령별 비교를 중심으로",『다문
    화와 평화』4(1).

서운석, 2011, "외국인노동자/이민자 수용 태도에 대한 인과관계 분석: 한
    국·중국·미국 비교를 중심으로",『다문화사회연구』4(1).

서운석, 2011, "주요 국가의 보훈선양제도 비교 및 시사점 연구: 미국·캐나다·호주·프랑스 사례를 중심으로", 『한국보훈논총』 10(1).

서운석, 2011, "한국민의 보훈의식에 대한 인과구조 분석", 『사회과학연구』 35(1).

서운석, 2011, "한국인의 국내 거주 다문화 집단에 대한 수용적 인정에 관한 영향요인 분석", 『다문화와 평화』 5(2).

서운석, 2012, "프랑스·독일의 국가통합 상징기제로서의 보훈 연구", 『유럽사회문화』 8.

서운석, 2012, "피고용인의 조직공정성 인식 변화와 회사에 대한 직원의 의무 수행에 미치는 영향에 대한 연구", 『경영경제연구』 35(1).

서운석, 2013, "한국 국민의 독도 영유권 인식에 대한 연구", 『독도연구』 14.

서운석, 2014, "청소년의 나라사랑의식 국가 간 비교: 한·미·일·중을 중심으로", 『한국보훈논총』 13(2).

서운석, 2015, "애국심 수준과 인식에 대한 실증적 분석", 『공공사회연구』 5(4).

서운석, 2015, "지역 호국보훈인물 명예선양에 대한 고찰: 서울·경기지역 사례를 중심으로", 『한국보훈논총』 14(2).

서운석, 2015, "청소년을 대상으로 하는 나라사랑교육 프로그램 모색", 『보훈연구』 4(2).

서운석, 2016, "우리사회의 연령대별 보훈선양의식 분석: 국민적 자부심과 호국의지를 중심으로", 『보훈연구』 5(1).

서운석, 2016, "주요 OECD국가들의 보훈선양의식 분석", 『한국보훈논총』 15(2).

서운석, 2017, "학도의용군을 포함한 국가유공자 선양의식 제고 방안", 『보훈연구』 6(1).

서운석, 2017, "한국사회의 국민의무에 대한 인식 분석", 『공공사회연구』 7(4).

서운석, 2018, "19대 정부 초기 선양정책 검토", 『공공사회연구』 8(2).

서운석, 2020, "중국지역 독립유공자 및 후손의 선양정책 연구", 『한국보훈 논총』 19(3).

서운석, 2020, "지방 현충시설 관리방안 모색: 추모공원 조성을 중심으로", 『공공사회연구』 10(2).

엘리자베스 길버트 저, 노진선 역, 2007, 『먹고 기도하고 사랑하라』, 서울: 솟 을북.

유영옥, 2005, 『국가보훈학』, 서울: 홍익재.

이용재·서운석, 2013, "보훈대상자 생활안정을 위한 정책방향에 대한 연구- 제대군인의 생활안정에 대한 정책욕구 분석을 중심으로", 『보훈연 구』 2(1).

임숙경·서운석, 2014, "성인 대상 나라사랑교육 프로그램 개발에 대한 연 구", 『보훈연구』 3(1).

한국전략문제연구소, 2015, 『국가보훈의 역할 증진과 가치 확산 방안』, 서 울: 한국전략문제연구소.

형시영, 2017, "독립유공자 예우 확대 및 독립운동시설물 관리 강화", 『행정 포커스』 130.

형시영, 2019, 『국가보훈의 역사와 가치에 관한 연구: 보훈정신함양교육 참 고교재 개발을 중심으로』, 수원: 보훈교육연구원.